Friedrich der Große

Briefe

Friedrich der Große

Briefe

ISBN: 978-3-86267-102-1

Auflage: 1
Erscheinungsjahr: 2011
Erscheinungsort: Bremen, Deutschland

Europäischer Literaturverlag GmbH, Fahrenheitstr. 1, 28359 Bremen (www.elv-verlag.de).

Briefe

An den Kammerjunker von Natzmer	5
An Grumbkow	8
An Camas	9
An den Vater	10
An Voltaire	12
An Suhm	15
An Grumbkow	16
An Grumbkow	17
An Grumbkow	18
An Grumbkow	19
An Grumbkow	20
An Voltaire	21
An die Markgräfin Wilhelmine von Bayreuth	22
An den Propst Reinbeck	23
An Maupertuis	23
An das Departement der Auswärtigen Affairen	24
An Voltaire	24
An Voltaire	26
An Algarotti	27
An den Herzog von Lothringen in Wien	27
An den Minister Graf Podewils	28
An Voltaire	29
An Jordan	30
An den Minister Graf Podewils	31
An den Thronfolger August Wilhelm	32
An Jordan	32
An Jordan	33
An Jordan	34
An den Minister Graf Podewils	35
An die Gräfin Camas	37
An die Markgräfin Wilhelmine von Bayreuth	38
An die Markgräfin Wilhelmine von Bayreuth	39
An den Lord Marschall von Schottland	40
An den Lord Marschall von Schottland	41
An den Geheimen Kämmerer Fredersdorf	42
An den Geheimen Kämmerer Fredersdorf	42
An die Markgräfin Wilhelmine von Bayreuth	43
An den Thronfolger August Wilhelm	45
An die Prinzessin Amalie	45
An die Königinmutter	46
An den Thronfolger August Wilhelm	46
An die Markgräfin Wilhelmine von Bayreuth	47
An die Markgräfin Wilhelmine von Bayreuth	52
An die Markgräfin Wilhelmine von Bayreuth	52

An die Markgräfin Wilhelmine von Bayreuth	54
An Marquis d'Argens	55
Instruktion für General Wedell	56
An den Minister Graf Finckenstein	57
An den Minister Graf Finckenstein	58
Vollmacht und Instruktion für General Finck	59
Instruktion für den General Finck	59
An Graf Algarotti	60
An Marquis d'Argens	61
An Marquis d'Argens	61
An Marquis d'Argens	62
An die Gräfin Camas	65
An Marquis d'Argens	66
An Prinz Heinrich	67
An den Lord Marschall von Schottland	67
An d'Alembert	68
An den Lord Marschall von Schottland	69
An d'Alembert	70
An die Gräfin Camas	72
An die Kurfürstin Maria Antonia von Sachsen	72
An d'Alembert	73
An die Prinzessin Wilhelmine von Oranien	74
An General Fouqué	75
An General Fouqué	75
An die Königin Ulrike von Schweden	76
An den Thronfolger Friedrich Wilhelm	77
An die Prinzessin Wilhelmine von Oranien	77
An die Kurfürstin Maria Antonia von Sachsen	78
An Prinz Heinrich	79
An die Prinzessin Wilhelmine von Oranien	80
An die Königin Ulrike von Schweden	81
An Prinz Heinrich	82
An die Kurfürstin Maria Antonia von Sachsen	83
An Prinz Heinrich	84
An de Catt	85
An die Großfürstin Maria Feodorowna von Russland	85
An d'Alembert	86
An die Prinzessin Wilhelmine von Oranien	88
An den Minister Graf Finckenstein	88
An die Minister Graf Finckenstein und von Hertzberg	90
An Prinz Heinrich	92
An die Herzogin Charlotte von Braunschweig	92

An den Kammerjunker von Natzmer

Küstrin, Februar 1731

Unser gestriger Disput, lieber Freund, blieb noch unentschieden, da der Schlaf uns beide übermannte, als wir im besten Zuge waren, unsere Ansichten auszukramen. Um das Versäumte aber nachzuholen, fahre ich fort:

Das erste System ist die Erhaltung des europäischen Friedens. Demgemäß muss der König von Preußen sich die größte Mühe geben, mit allen Nachbarn in gutem Einvernehmen zu leben. Da sein Land Europa quer durchschneidet und in zwei Hälften teilt, so versteht es sich, dass er sich mit allen Königen, dem Kaiser und den vornehmsten Kurfürsten auf guten Fuß stellen muss. Denn mit welchem seiner Nachbarn er auch Krieg führt, Vorteile kann er schwerlich erringen, da sein Land von Nachbarstaaten durchsetzt und ohne innere Geschlossenheit ist. Er kann also von mehreren Seiten angegriffen werden, und um sich allerseits zu verteidigen, müsste er die ganze Armee zur Defensive verwenden, sodass nichts für die Offensive übrig bliebe. Stützte er sich zur Behauptung seiner Macht auf dieses System, so wäre er ein schlechter Staatsmann und aller Fantasie und Erfindungsgabe bar, wenn er es dabei bewenden ließe. Denn wer nicht vorwärtskommt (ich spreche von der großen Politik), der geht zurück.

Das andere System, das sich auf dieser Grundlage von selbst aufbaut, ist die fortschreitende Vergrößerung des Staates. Ich habe schon gesagt, dass der preußische Länderbesitz sehr zerstückelt ist. Da kommt es denn bei allen Plänen, die man entwirft, vor allem darauf an, einen engeren Zusammenhang zwischen den Landesteilen herzustellen oder die losgerissenen Stücke, die eigentlich zum preußischen Besitz gehören, ihm wieder anzugliedern.

So hat Polnisch-Preußen von jeher zu Preußen gehört, ist aber durch die Kriege der Polen mit dem Deutschritterorden, seinem damaligen Besitzer, abgesplittert worden. Von der Provinz Preußen ist Polnisch-Preußen nur durch die Weichsel getrennt. Nach Westen stößt es an Hinterpommern. Im Norden bildet das Meer und im Süden Polen seine Grenze. Gehört es einmal zu Preußen, so hat man nicht nur freie Verbindung von Pommern nach Ostpreußen, sondern man hält auch die Polen im Zaum und kann ihnen Gesetze vorschreiben; denn ihre Waren können sie nur verkaufen, wenn sie diese die Weichsel oder den Pregel hinunterschicken, und hierzu bedürfte es dann unserer Zustimmung.

Fahren wir fort. Schwedisch-Pommern ist von Preußisch-Pommern nur durch die Peene getrennt. Es würde sich sehr hübsch ausnehmen, wenn es mit unserem Besitz vereinigt wäre. Abgesehen von den Einkünften (die nur die Finanzleute oder die Steuerräte angehen und die als solche nicht in das politische System gehören, das ich erörtern will), abgesehen von den sehr beträchtlichen Einkünften, die man aus dieser Provinz ziehen könnte, würde man sich vor allen Übergriffen vonseiten Schwedens schützen und eine beträchtliche Truppenzahl sparen, die jetzt zur Verteidigung der Grenze oder des Peene-Ufers notwendig ist. Ferner rundete man das Land mehr und mehr ab und bahnte sich sozusagen den Weg zu einer Eroberung, die sich ganz von selbst darbietet: Ich meine Mecklenburg. Hier braucht man nur das Erlöschen des Herzogshauses geduldig abzuwarten, um das Land ohne weitere Förmlichkeit einzustecken.

Ich schreite von Land zu Land, von Eroberung zu Eroberung und nehme mir wie Alexander stets neue Welten zu erobern vor. Den nächsten Schauplatz bilden Jülich und Berg. Sie müssen durchaus erworben werden, damit die armen Länder Kleve, Mark usw. nicht so einsam und verlassen sind. Durch Erwerbung von Jülich und Berg beseitigt man viele Anlässe zu Reibereien und Schikanen, die jetzt in einem fort aus Streitigkeiten über die gegenwärtigen Grenzen entspringen. Der Nutzen dieser Erwerbung liegt auf der Hand. Die Länder der Klevischen Erbschaft werden vereinigt, sie können eine Besatzung von 30 000 Mann tragen und dann mit Verachtung auf die kleinen Schikanen herabsehen, die das Klever Land jetzt nicht allein abwehren kann. Bei einem Bruche mit Frankreich kann man Kleve vom ersten Kriegslärm an nur so lange als preußisch betrachten, wie es den Franzosen beliebt. Ist es aber mit Jülich und Berg vereinigt, so liegt die Sache ganz anders: Die Länder sind imstande, sich selber zu verteidigen.

Hier breche ich ab, um mich ganz allgemein darüber auszulassen, wie man mein System verstehen soll. Erstens spreche ich nur als Politiker ohne Erörterung der Rechtsgründe. Sonst kommt man vom Hundertsten ins Tausendste; denn jeder der von mir berührten Punkte verdient eine besondere Darlegung der Rechtsgründe und Ansprüche, die das Haus Brandenburg erheben kann. Zweitens gehe ich nicht ins Detail darüber, wie man sich in den Besitz dieser Provinzen setzen soll, da man sich des längeren darüber verbreiten müsste. Es kommt mir lediglich auf den Nachweis an, dass Preußen sich bei seiner eigenartigen Lage in der politischen Notwendigkeit befindet, die genannten Provinzen zu erwerben. Meiner Ansicht nach muss nach diesem Plan jeder kluge und treue Diener des Hauses Brandenburg arbeiten. Er muss auf das große Ziel hinstreben, kleinere aber fallen lassen.

Ich hoffe auch, man wird meine Ausführungen für recht vernünftig halten. Denn liegen die Dinge so, wie es nach meinem Projekt der Fall ist, so könnte der König von Preußen unter den Großen der Welt eine gute Figur machen und eine bedeutende Rolle spielen, wenn er einzig und allein aus Gerechtigkeitssinn und nicht aus Furcht den Frieden aufrechterhielte, und wenn er, sobald die Ehre des Hauses und des Landes es verlangte, mit Nachdruck Krieg führen könnte. Hätte er doch nichts anderes zu fürchten als den Zorn des Himmels, und der wäre nicht zu fürchten, solange in seinem Lande Gottesfurcht und Rechtssinn über Unglauben, Parteihader, Habgier und Selbstsucht herrschen.

Ich wünsche dem preußischen Staate, dass er sich aus dem Staube, in dem er gelegen hat, völlig erhebe und den protestantischen Glauben in Europa und im Reiche zur Blüte bringe, dass er die Zuflucht der Bedrängten, der Hort der Witwen und Waisen, die Stütze der Armen und der Schrecken der Ungerechten werde. Sollte aber ein Wandel eintreten und Ungerechtigkeit, Lauheit im Glauben, Parteiwesen oder das Laster den Sieg über die Tugend davontragen, was Gott auf ewig verhüten wolle, dann wünsche ich ihm, dass er in kürzerer Zeit untergehe, als er bestanden hat. Damit ist alles gesagt.

An Grumbkow

Ruppin, 2. Dezember 1732

Ich habe Briefe von einem Freunde erhalten, wonach der König, als er den Husten hatte, zu Hacke sagte: »Nun werden die Leute sagen, der alte Menschenquäler wird sterben, aber saget ihnen nur, dass der nach mir kommen wird, der werde sie alle zum teufet jagen, und das würden sie davon haben.« Mich lässt das alles völlig kalt. Wie Sie, lieber Freund, gehe ich meinen graden Weg und lasse jeden nach Lust schimpfen. Mein Gewissen ist mein Richter. Mag man von mir alles sagen, was man will; wenn mein Gewissen nur rein ist, pfeife ich auf die Meinung der Leute. La Chétardie wäre sehr zu beklagen, wenn es verboten würde, sich höflich gegen ihn zu benehmen. Es wäre sehr traurig, wenn es eine Sünde wäre, einen Fremden anständig zu behandeln. Komme, was da wolle; ich werde nie aufhören, Ihnen bei jeder Gelegenheit zu beweisen, dass ich Ihr wahrer Freund bin, und dass ich, ernstlich gesprochen, nichts unterlassen werde, um Ihnen meine Dankbarkeit zu bezeigen.

Belagerung der Festung Philippsburg durch die Franzosen im Jahre 1734

An Camas

Im Lager von Heidelberg, bei Weiblingen,
11. September 1734

Der gegenwärtige Feldzug ist eine Schule, in der man aus der Verwirrung und Unordnung, die in diesem Heere herrscht, manches lernen kann. Er verlief unrühmlich genug, und Männer, die zeitlebens gewohnt waren, Lorbeeren zu pflücken, und zwar in siebzehn großen Schlachten, haben diesmal keine gefunden. Wir anderen hoffen insgesamt, im nächsten Jahre ans Moselufer zu kommen. Da werden wir den Ruhm finden, den der Rhein uns als den letzten Verteidigern seiner Ufer versagt hat. Nun liegen wir schon drei Wochen hier im Lager; trotzdem macht die Untätigkeit dem Prinzen diesmal mehr Ehre als alle Bewegungen, die er hätte ausführen können. Besteht doch das Hauptziel der Franzosen darin, ihn vom Neckar fortzubekommen und unsere jetzige Stellung zu nehmen.

Ich fürchte, Sie bilden sich ein, lieber Freund, ich wollte hier den tragischen Kothurn anlegen und als kleiner Eugen das

Verhalten des einen und die Fehler des anderen rügen, mich dann zum Richter aufwerfen und in lehrhaftem Tone das Urteil fällen, was jeder hätte tun sollen. Nein, lieber Camas, so weit geht meine Anmaßung nicht! Im Gegenteil, ich bewundere das Verhalten unseres Führers und missbillige das seines würdigen Gegners nicht. Ich suche nur für mein bescheidenes Teil so viel davon zu profitieren, als ich in dem Berufe, den ich ergriffen habe, nach meiner Meinung gebrauchen kann. Aber ich verliere nicht vor Leuten Achtung und Hochschätzung, die mit Narben bedeckt sind und durch langjährige Dienste gründliche Erfahrung gesammelt haben. Vielmehr werde ich lieber denn je ihren Lehren lauschen, die mir die sicherste Bahn zum Ruhme und den kürzesten Weg zur gründlichen Erlernung des Handwerks weisen.

An den Vater

Ruppin, 10. Mai 1735

Allergnädigster König und Vater!

Mein allergnädigster Vater wird nicht ungnädig nehmen, dass ich mir die Kühnheit nehme, an Ihn zu schreiben und an Ihn, als meinen recht gnädigen und treuen Vater, in aller Untertänigkeit und gebührender Submission mein Herz zu eröffnen. Man höret von allen Seiten schreiben, dass der Prinz Eugène von Wien den zweiten dieses Monds abgegangen wäre und nun wohl bei der Armee sein möge; man schreibet auch, dass die Armee Ordre habe, sich zusammenzuziehen und bei Bruchsal das erste Lager zu formieren, und soll also an keinen Stillstand zu gedenken sein; hiergegen soll der Prinz Eugène gewiss Ordre vom Kaiser haben, den Feind zu attackieren. Bei diesen Umständen befindet sich noch, dass Alles, was junge Leute sind, so Ambition haben, Willens sind nach der Armee zu reisen, da der Prinz Karl und der Prinz von Oranien auch hingehen werden. Meinem allergnädigsten Vater ist bewusst, besser als ich es sagen kann, was vorjährige Kampagne für eine schlechte Kampagne gewesen ist, und kann mein allergnädigster Vater leichte schließen, was daher für Raisonnements über mich würden gemacht werden, wenn ich zu Hause bliebe. Kein Mensch würde glauben, dass es meines allergnädigsten Vaters Sein Wille wäre; denn die Welt ist genugsam informieret, dass mein allergnädigster Vater Seine Kinder zum Soldatenleben und zu brave Leute zu werden erziehet; so wird gewiss ein jeder sagen, dass ich nicht darum angehalten hätte und die faulen Tage zu Hause lieber genießen möchte, als die Fatiguen einer Kampagne, dar man auch dabei exponieret wäre, zu ertragen. Mein allergnädigster Vater, den, wenn ich es sagen darf, für den besten und getreuesten Freund halte, so ich auf Erden habe, sei so gnädig und bedenke um Gottes willen, wie mir bei solchen Raisonnements wird zumute werden; ja, Er seie so gnädig und erinnere sich Seiner Jugend und, wie Er mir die Gnade gehabt selber zu erzählen, wie Er sich vor diesem Mühe gegeben hat, um von Seinem Herrn Vater die Permission zu erhalten, in Kampagne zu gehen. Meine Ursache, die mich hierzu beweget, ist dieselbe, die mein allergnädigster Vater gehabt hat, die Ambition und die Begierde, durch Beiwohnung der Kampagne mich kapabler zu machen, als ich anjetzo bin, meinem allergnädigsten Vater zu dienen; ja, ich wäre nicht wert, dass ich die Gnade hätte, meines allergnädigsten Vaters Sohn zu sein, wenn ich keine Ambition hätte; ich wäre auch versichert, mein allergnädigster Vater würde es mir zum meisten verdenken, wenn ich mich nicht bei Ihm derentwegen meldete, zudem ich anjetzo in den besten Jahren bin, da mir meine Leibes-Konstitution in keinen Fatiguen versaget. Jedoch bescheide ich mich alles, was mein allergnädigster Vater mir befiehlst, und weiß sehr wohl den Gehorsam und die Submission, so ich Ihm schuldig bin, und dass ich Ihm nichts vorzuschreiben. Ich sacrifiziere auch meinem allergnädigsten Vater Alles, meine Freude, meine Ambition, und was ich zum meisten auf dieser Erde wünsche. Er mache es alles, wie Er ein gnädiges Wohlgefallen daran hat; ich weiß, dass Er tun wird, was zu meinem Besten ist.

An Voltaire

Berlin, 8. August 1736

Habe ich auch nicht das Glück, Sie persönlich zu kennen, so sind Sie mir doch durch Ihre Werke bekannt genug. Das sind Geistesschätze, wenn der Ausdruck erlaubt ist, Kunstwerke, die mit so viel Geschmack und Feinheit gebildet sind, dass ihre Schönheiten sich bei jeder Lektüre in neuem Lichte zeigen. Ich glaube in ihnen den Charakter ihres geistvollen Verfassers zu erkennen, der unserem Jahrhundert und dem menschlichen Geiste zur Ehre gereicht. Die großen Männer der neueren Zeit werden Ihnen einst Dank wissen, und nur Ihnen allein, falls der Streit wieder ausbricht, ob den Neueren oder den Alten der Vorzug gebührt; denn Sie lassen die Waagschale zugunsten der Neueren sinken.

Mit den Eigenschaften eines hervorragenden Dichters verbinden Sie eine Fülle von Kenntnissen, die freilich mit der Poesie in gewisser Weise verwandt sind, ihr aber erst durch Ihre Feder zugehören. Nie hat ein Dichter metaphysische Gedanken in Verse gebracht: Solche Ehre war Ihnen zuerst vorbehalten. Diese philosophische Tendenz Ihrer Schriften veranlasst mich, Ihnen eine durch mich angeregte Übersetzung der Anklage und Rechtfertigung von Wolff zu übersenden, des berühmtesten modernen Philosophen, der Licht in die dunkelsten Gebiete der Metaphysik getragen und diese schwierigen Fragen ebenso erhaben wie klar und bestimmt erörtert hat, dafür aber grausamerweise der Irreligiosität und des Atheismus bezichtigt worden ist. Das ist das Schicksal großer Männer: Stets setzt ihr überlegener Genius sie den vergifteten Pfeilen der Verleumdung und des Neides aus.

Ich lasse jetzt die Abhandlung desselben Verfassers »Von Gott, von der Seele und der Welt« übersetzen und werde sie

Ihnen zusenden, sobald sie vollendet ist. Ich bin gewiss, Sie werden die Beweiskraft aller seiner Schlüsse schlagend finden; denn sie folgen mathematisch einer aus dem anderen und sind ineinander geschmiedet wie Kettenglieder.

Bei der Nachsicht und Unterstützung, die Sie allen gewähren, die sich den Künsten und Wissenschaften widmen, hoffe ich, Sie werden mich nicht aus der Zahl derer streichen, die Sie Ihrer Belehrung würdigen. Denn so nenne ich Ihre Korrespondenz, die jedem denkenden Wesen, nur nützlich sein kann. Ja, ohne das Verdienst anderer zu schmälern, wage ich zu behaupten, dass es auf der ganzen Welt ohne Ausnahme keinen gibt, dessen Lehrer Sie nicht sein könnten.

Fern sei es mir, Sie in einer Weise zu beweihräuchern, die Ihrer unwürdig wäre; dennoch kann ich Ihnen versichern, dass ich in Ihren Werken zahllose Schönheiten finde. Ihre »Henriade« entzückt mich und triumphiert glücklich über die wenig einsichtsvolle Kritik, der man sie unterzogen hat. Das Trauerspiel »Cäsar« zeigt uns durchgeführte Charaktere und ist von großen, gewaltigen Gefühlen erfüllt. Ihr Brutus kann nur Römer oder Engländer sein. »Alzire« verbindet den Reiz der Neuheit mit dem glücklichen Kontrast zwischen den Sitten der Wilden und der Europäer. Der Charakter Gusmans zeigt, dass ein missverstandenes und von falschem Eifer geleitetes Christentum noch barbarischer und grausamer ist als das Heidentum. Stünde Corneille, der große Corneille, der sich die Bewunderung seines ganzen Zeitalters erwarb, in diesen Tagen wieder auf, er sähe mit Staunen und vielleicht mit Neid, wie die tragische Muse Sie mit Gunstbezeugungen überhäuft, die sie ihm nicht gegönnt hat. Was lässt sich nicht alles von dem Verfasser so vieler Meisterwerke erwarten! Was für neue Wunder werden nicht aus der Feder des Mannes hervorgehen, der schon den »Tempel des Geschmacks« so geistreich und zierlich errichtet hat!

Das erweckt in mir den sehnlichen Wunsch, alle Ihre Werke zu besitzen. Ich bitte Sie, mir diese zu schicken und mir keines zu versagen. Sollte sich unter den handschriftlichen eins befinden, das Sie aus notgedrungener Vorsicht der Öffentlichkeit vorenthalten, so verspreche ich Ihnen, tiefstes Geheimnis zu wahren und ihm nur insgeheim Beifall zu zollen. Leider weiß ich, dass ein Fürstenwort heutzutage wenig gilt; doch hoffe ich, Sie werden sich nicht von den allgemeinen Vorurteilen bestimmen lassen, sondern sich zu meinen Gunsten zu einer Ausnahme entschließen.

Ihre Werke würden mich reicher machen als alle vergänglichen und verächtlichen Glücksgüter dieser Welt, die ein und derselbe Zufall uns schenkt und wieder nimmt. Mithilfe des Gedächtnisses kann man sich jene, Ihre Werke, aneignen und sie so lange besitzen wie dieses. Mein Gedächtnis ist schlecht; darum schwanke ich lange, bevor ich mich entscheide, was darin Aufnahme finden soll.

Stünde die Dichtkunst noch auf ihrer alten Stufe, d. h. könnten die Dichter nur langweilige Idyllen trillern, Eklogen nach dem alten Schema und abgeleierte Stanzen verfertigen, oder wüssten sie ihre Leier nur auf den elegischen Ton zu stimmen – ich würde Ihr für immer entsagen. Allein, Sie veredeln die Dichtkunst, Sie zeigen uns neue Wege, die ein Cotin und Rousseau nicht beschritten haben.

Ihre Gedichte besitzen so große Vorzüge, dass alle höher stehenden Geister sich gern in sie vertiefen. Sie sind ein Lehrbuch der Moral, das uns denken und handeln lehrt. Sie schmücken die Tugend mit leuchtenden Farben. Der Begriff des wahren Ruhmes wird darin formuliert. Sie gewinnen den Wissenschaften so feine und zarte Reize ab, dass man nach der Lektüre Ihrer Werke vom Ehrgeiz erfasst wird, in Ihre Spuren zu treten. Wie oft habe ich mich nicht dieser trügerischen Lockung hingegeben und mir dann gesagt: Unseliger, lass ab, diese Bürde übersteigt Deine Kräfte! Man kann Voltaire nicht nachahmen, wenn man nicht selber Voltaire ist.

In solchen Augenblicken habe ich es empfunden, dass die Vorzüge der Geburt, der leere Schall von Größe, mit dem die Eitelkeit uns einlullt, nur wenig oder besser gesagt gar nichts vorstellen. Das sind Maßstäbe, die unser inneres Wesen nicht berühren, lediglich äußerer Schmuck. Wie sehr sind ihnen die Geistesgaben vorzuziehen! Wie viel ist man denen schuldig, die die Natur schon bei ihrer Geburt ausgezeichnet hat! Gefällt sie sich doch, Wesen zu schaffen und mit allen nötigen Gaben auszustatten, um Fortschritte in den Künsten und Wissenschaften zu machen; ihre durchwachten Nächte zu belohnen, ist dann Sache der Fürsten. Ach, erwählte der Ruhm doch mich zum Werkzeuge, um Ihre Erfolge zu krönen! Nur das eine würde ich fürchten, dass dies lorbeerarme Land weniger Lorbeeren hervorbrächte, als Ihre Werke verdienen, und dass man statt seiner zum Eppich greifen müsste.

Begünstigt aber das Schicksal mich nicht so sehr, dass ich Sie mein nennen kann, so darf ich wenigstens hoffen, Sie, den ich schon so lange von ferne bewundere, eines Tages zu sehen, um Sie persönlich all der Achtung und Hochschätzung zu versichern, die denen gebührt, die, der Leuchte der Wahrheit folgend, ihre Arbeiten dem allgemeinen Wohle widmen.

An Suhm

Remusberg, 23. Oktober 1736

Sie werden, glaube ich, nicht böse sein, wenn ich Ihnen ein paar Worte über unseren ländlichen Zeitvertreib sage; denn mit Menschen, die man lieb hat, plaudert man gern, auch über das Unbedeutendste. Wir haben unsere Beschäftigungen in zwei Klassen geteilt: die ersten sind die nützlichen, die zweiten die angenehmen. Unter die nützlichen rechne ich das Studium der Philosophie, der Geschichte und der Sprachen, zu den angenehmen Musik, Lust- und Trauerspiele, die wir selbst aufführen, Maskeraden und gegenseitige Überraschungen mit Geschenken. Die ernsten Beschäftigungen haben indes stets den Vorzug vor den anderen, und ich behaupte kühnlich, wir machen von den Vergnügungen nur maßvollen Gebrauch. Wir benutzen sie nur zur Erholung des Geistes und zur Milderung der Grämlichkeit und des allzu tiefen Ernstes der Philosophie, die sich nicht so leicht die Stirn von den Grazien glätten lässt.

An Grumbkow

Rheinsberg, 20. Januar 1737

Die politischen Nachrichten haben mir, so gestehe ich Ihnen freimütig, wahrhaften Kummer bereitet. Ohne Hexerei sehe ich voraus, dass unser Plan auf Jülich und Berg gescheitert ist. Man braucht nur die Wirkungen in den Ursachen zu lesen, um sich davon zu überzeugen. Da mir der Ruhm des Königs über die Maßen am Herzen liegt, schmerzt es mich zu sehen, dass nicht das Nötige geschieht, um den Erfolg zu sichern. Ich glaube sogar, einen geheimen, gegen uns gerichteten Anschlag zu erkennen, ich sehe Wolken sich zusammenballen. Vielleicht wäre es noch Zeit, dem Gewitter auszuweichen; vielleicht könnte man durch geeignete Maßnahmen einen Umschwung der Stimmung zu unseren Gunsten herbeiführen. Was mich aber am meisten beunruhigt, ist eine gewisse Lethargie, die ich bei uns bemerke, und das zu einer Zeit, wo die Furcht vor unseren Waffen geschwunden ist und man so weit geht, uns zu verachten. Ich wage nicht auszusprechen, was ich befürchte; vielleicht auch gibt nur mein verdüsterter Sinn mir trübe Gedanken ein: Sie werden sie erraten, auch ohne dass ich mich erkläre. Kurz, ich befürchte um so größeres Unglück, je weniger man darauf vorbereitet ist.

Möge der Himmel, der über die Reiche wacht, der sie nach Gutdünken erhebt und zerstört, alles Unheil abwenden, das mein beängstigter Geist prophezeit! Keinem Menschen geht Preußens Wohlfahrt so nahe als mir.

Bildnis des Feldmarschalls von Grumbkow

An Grumbkow

Remusberg, 14. Februar 1737

Ich schicke Ihnen, hochverehrter General, alle mir mitgeteilten Briefe über die Verhandlungen betreffs Jülich und Berg zurück, da ich zu sehr fürchte, dergleichen Schriftstücke in Händen zu haben. Was ich in unserer Sache tun würde, und was, wie ich glaube, der König tun wird, wäre dies: Ich würde mich vor allem mit dem Kaiser gut stellen, den Holländern einreden, ich brauchte ihre Vermittlung, mich aber ihnen gegenüber zu nichts verpflichten und inzwischen alle 40 Schwadronen Dragoner nebst den Husaren nach dem Klevischen schicken, 2 Regimenter Kavallerie nebst den Garnisonstruppen in Ostpreußen lassen und die ganze übrige Infanterie sowie den Rest der schweren Kavallerie in der Kurmark zusammenziehen. Sobald dann jemand Miene macht, meinen Plänen entgegenzutreten, bin ich imstande, ihm auf den Leib zu gehen; und die 40 Schwadronen Dragoner erhalten Befehl, bei Eintritt des Erbfalls in Jülich und Berg einzurücken und beide Herzogtümer zu besetzen. Will man dann zu Unterhandlungen schreiten, so kann man weiter nichts tun, als uns zur Räumung von Jülich bewegen und uns Berg lassen. Besetzen wir dagegen nur Berg, so wird man uns auch dies halb wieder abzwacken. Vielleicht können Sie von diesen Erwägungen Gebrauch machen. Finden sie Ihren Beifall, so eignen Sie sie sich bitte nur an. Von entscheidender Bedeutung ist die baldige Entsendung der Dragoner, ehe noch der Erbfall eintritt; denn verpassen wir den Augenblick des Todes des Kurfürsten, so ist unser Streich verfehlt.

An Grumbkow

Ruppin, 24. März 1737

Vielen Dank, lieber General, für die mir freundlichst mitgeteilten Nachrichten. Ihr Korrespondent spricht von dem maßlosen Hochmut des Wiener Hofes. Dazu möchte ich Folgendes bemerken. Blättern Sie in der Geschichte, soviel Sie wollen, stets werden Sie finden, dass das Übermaß des Hochmuts für die Reiche der Vorläufer ihres Verfalles oder ihres Sturzes war. Die gegenwärtige Lage des Hauses Österreich ist ziemlich kritisch. Stürbe der Kaiser heut oder morgen, was für Umwälzungen würde die Welt dann nicht erleben! Jeder möchte an seinem Erbe teilhaben, und man sähe ebenso viel Parteien erstehen, wie es Herrscher gibt.

Ich kehre jetzt nach Rheinsberg zurück; es ist mein Sanssouci. Glücklich, wer frei von Ehrgeiz seine Tage an einer Stätte beschließen kann, wo man nur Ruhe kennt, die Blumen des Lebens pflückt und die kurze Zeit genießt, die uns auf Erden beschieden ist! Sie, Herr General, sind vom Schicksal ausersehen, eine der großen Triebfedern eines Uhrwerks zu bilden, während meine Lage den feststehenden Zeichen auf dem Zifferblatt dieser Uhr ähnelt. Sie sind zum Handeln geschaffen und ich zum Genießen.

An Grumbkow

Remusberg, 1. November 1737

Sie haben, lieber Feldmarschall, hochherzig meine Verteidigung übernommen, als der König auf mich zu sprechen kam. Nie hatte ein Künstler eine so schlechte Meinung von seinem eigenen Werte, wie der König von mir. Ist es Bescheidenheit, so muss ich gestehen, dass sie etwas weit geht. Eher neige ich zu dem Glauben, dass ein unseliges Vorurteil, das er von jeher gegen mich gehegt, und das durch das Alter eingewurzelt ist, ihn so schlecht über meinen Charakter urteilen lässt. Wer dürfte sagen, dass man mit Frankreich nicht Krieg führen kann, weil man französisch spricht, die guten Schriftsteller liest, die französisch geschrieben haben, und die höflichen und geistreichen Leute liebt, die diese Nation hervorgebracht hat? Ich kenne nichts als meine Ehre. Alles, was Ihr vorteilhaft sein kann, wird stets die Richtschnur meines Handelns sein, und keine Rücksicht kann mich hiervon abbringen.

Gott weiß, dass ich dem Könige ein langes Leben wünsche. Tritt aber zu seinen Lebzeiten der Erbfall nicht ein, so wird man die Grundlosigkeit der Anklage erkennen, dass ich meine Interessen fremden Mächten zum Opfer brächte; ich fürchte eher, man wird mir zu viel Verwegenheit und Lebhaftigkeit vorwerfen. Anscheinend hat der Himmel den König dazu bestimmt, alle Vorkehrungen zu treffen, die

Weisheit und Vorsicht erfordern, bevor man einen Krieg beginnt. Wer weiß, ob die Vorsehung mich nicht aufspart, um glorreichen Gebrauch von diesen Vorbereitungen zu machen und sie zur Ausführung der Pläne zu benutzen, zu denen des Königs Vorsorge sie bestimmt hatte!

An Grumbkow

(Januar 1738)

Als ich, lieber Feldmarschall, die im Haag vorgelegte Denkschrift las, glaubte ich, die unverschämte Rede zu hören, die der römische Gesandte Papirius dem König Antiochus von Syrien hielt, als dieser mit 80 000 Mann in Ägypten einfallen wollte. Stolz, Hochmut und Hoffart sind da bis zum Äußersten getrieben. Anscheinend gibt Frankreich an Macht und Gewalt Gottvater nichts nach; sich Versailles widersetzen, heißt den göttlichen Ratschlüssen trotzen. Was für eine Unverschämtheit! Man sollte es nicht glauben, dass elende Sterbliche so hochmütig sein können! Ich würde ihnen antworten: Der König von Preußen ist

la nobile palma;
Se spiantare si tenta allor inalza, la cima altiera.

Sehen Sie mir diese italienischen Verse nach; sie passen auf den König, auf seine Kräfte und die würdige Art, wie er seine gerechten Ansprüche verficht. Ihre Betrachtungen über die Denkschrift sind sehr zutreffend, aber man sollte sie nicht hinter den verschlossenen Türen des Kabinetts zum besten geben. Glauben Sie mir, jetzt ist es Zeit, zur Feder zu greifen, um die Geister zu bearbeiten und zu gewinnen; jetzt muss die Presse rollen, und es drängt mich mehr denn je, meine Schrift zu veröffentlichen.

An Voltaire

Insterburg. 27. Juli 1739

Endlich sind wir angekommen, lieber Freund. Wir waren drei Wochen unterwegs, und zwar in einem Lande, das ich für das *Nonplusultra* der zivilisierten Welt halte. Es ist eine in Europa wenig bekannte Provinz, die freilich bekannter zu sein verdiente, da sie als eine Schöpfung des Königs, meines Vaters, gelten kann.

Preußisch-Litauen ist ein Herzogtum von stark 30 deutschen Meilen in der Länge und 20 in der Breite, obwohl es nach Samogitien hin spitz zuläuft. Die Provinz wurde zu Anfang des Jahrhunderts von der Pest verheert; über 300 000 Einwohner raffte die Seuche und das Elend hin. Der Hof, der von dem Unglück wenig wusste, unterließ es, der reichen und fruchtbaren Provinz, die an Einwohnern und an jeder Art von Erzeugnissen Überfluss hatte, wieder aufzuhelfen. Die Krankheit raffte das Volk hin; die Felder lagen brach und bedeckten sich mit Gestrüpp. Auch das Vieh ging in dem allgemeinen Elend zugrunde; kurz, unsere blühendste Provinz verwandelte sich in die schrecklichste Einöde.

Inzwischen starb Friedrich I. und wurde mit seiner falschen Größe begraben. Ihm lag nur an eitlem Prunk und an der pomphaften Zurschaustellung nichtiger Zeremonien.

Mein Vater, der ihm nachfolgte, wurde durch das öffentliche Unglück gerührt. Er begab sich selbst an Ort und Stelle und sah die weiten verheerten Länderstrecken nebst all den schrecklichen Spuren, die Seuche, Hungersnot und die schmutzige Habgier der Minister hinterlassen hatten. Zwölf bis fünfzehn entvölkerte Städte, vier- bis fünfhundert unbewohnte und verödete Dörfer boten seinen Augen einen trostlosen Anblick. Er ließ sich dadurch nicht abschrecken, im Gegenteil, er beschloss, das Land, das fast zur Wüstenei geworden war, neu zu besiedeln und Handel und Wandel wieder zu beleben.

Seitdem hat der König keine Ausgabe gescheut, um seine heilsamen Absichten zu verwirklichen. Er erließ zunächst weise Reglements, baute alles, was die Pest zerstört hatte, wieder auf und ließ Tausende von Familien aus allen Ecken Europas kommen. Die Äcker wurden wieder bestellt, das Land bevölkerte sich, der Handel blühte wieder auf, und gegenwärtig herrscht in dieser fruchtbaren Gegend mehr Überfluss denn je. Litauen besitzt über eine halbe Million Einwohner. Es zählt mehr Städte und Herden als früher, hat mehr Wohlstand und Fruchtbarkeit als irgendeine Gegend Deutschlands. Und all das ist lediglich dem König zu danken, der die Ausführung persönlich angeordnet und auch selbst geleitet hat. Er hat die Pläne entworfen und sie allein ausgeführt; er hat weder Mühe noch Sorge, noch ungeheure Schätze, noch Versprechungen oder Belohnungen gespart, um einer halben Million denkender Wesen Glück und Leben zu sichern. Ihm allein verdanken sie ihr Wohlergehen und ihre Versorgung.

Ich hoffe, Sie werden über die Einzelheiten, die ich Ihnen berichte, nicht böse sein. Ihre Menschenfreundlichkeit muss sich auf Ihre litauischen Brüder so gut erstrecken wie auf die französischen, englischen, deutschen usw., zumal ich zu meinem großen Erstaunen durch Dörfer kam, wo nur Französisch gesprochen wurde.

Ich finde etwas so Heroisches in der hochherzigen und tätigen Art, wie der König diese Wüstenei besiedelt, sie fruchtbar und glücklich gemacht hat, dass es mir schien, als müssten Sie der gleichen Meinung sein, wenn Sie die näheren Umstände dieser Neuschöpfung erführen.

An die Markgräfin Wilhelmine von Bayreuth

Berlin, 1. Juni 1740

Schwester! Gestern um drei Uhr hat der liebe Gott unseren Vater abberufen: Mit engelhafter Gefasstheit und ohne viel zu leiden ist er gestorben. Was Du in ihm verlierst, kann ich

Dir nur durch innige Freundschaft ersetzen und durch aufrichtige, zärtliche Liebe, mit der ich zeitlebens bin Dein treuer Bruder.

An den Propst Reinbeck

Charlottenburg, 6. Juni 1740

Ihr habt nochmals an den Regierungsrat Wolff zu schreiben, ob er sich nunmehro nicht entschließen könne, in meine Dienste zu gehen, und würde ich ihm alle raisonnable Conditiones accordieren.

Friderich.

Ich bitte Ihn, sich um des Wolffen Mühe zu geben. Ein Mensch, der die Wahrheit sucht und sie liebt, muss unter aller menschlicher Gesellschaft wertgehalten werden, und glaube ich, dass Er eine *Conquête* im Lande der Wahrheit gemacht hat, wo Er den Wolff hierher persuadieret.

An Maupertuis

(Juni 1740)

Herz und Neigung erweckten in mir seit meiner Thronbesteigung den Wunsch, Sie hier zu haben, damit Sie der Berliner Akademie die Gestalt geben, die Sie allein Ihr zu verleihen vermögen. So kommen Sie denn und setzen Sie auf diesen wilden Schössling das Pfropfreis der Wissenschaften, damit er blühe. Sie haben der Welt die Gestalt der Erde gezeigt: Zeigen Sie auch einem König, wie schön es ist, einen Mann wie Sie zu besitzen.

An das Departement der Auswärtigen Affairen

(17. Juni 1740)

Sprechen die Minister von Politik, sind sie geschickte Leute, doch reden sie vom Kriege, so ist es, als wenn ein Irokese von der Astronomie spricht. Ich werde mich in diesem Jahre nach dem Klevischen begeben und es noch einmal im Guten versuchen; finde ich Widerstand, so werde ich mir mein Recht zu schaffen wissen. Der Kaiser ist das alte Spuk- und Götzenbild! Einst stellte er eine Macht dar, heute ist er nichts mehr. Er war ein kräftiger Mann, aber Franzosen und Türken haben ihm zu übel mitgespielt; jetzt ist er schwach und matt. Bis zu meiner Reise nach Wesel muss also alles ruhen, damit ich meinen Entschluss nach Lage der Dinge fassen kann.

An Voltaire

Charlottenburg, 27. Juni 1740

Ihre Briefe, lieber Voltaire, bereiten mir stets unendliche Freude, nicht durch die Lobreden, die Sie mir halten, sondern durch Ihre belehrende Prosa und die reizenden Verse. Sie wollen, dass ich von mir selbst rede wie der ewige Abbé Chaulieu. Was tut's? Ich muss Sie zufriedenstellen.

Nachstehend die verlangte Berliner Zeitung.

Ich traf Freitagabend in Potsdam ein, wo ich den verstorbenen König in sehr traurigem Zustande fand. Ich dachte mir gleich, dass sein Ende bevorstünde. Er erwies mir tausend Freundlichkeiten und sprach mit mir mehr als eine volle Stunde über die inneren und die äußeren Staatsgeschäfte, und zwar mit aller erdenklichen Geistesklarheit und Vernunft. Das Gleiche tat er am Sonnabend, Sonntag und Montag. Er schien sehr ruhig und gefasst und ertrug seine unendlichen Leiden mit größter Standhaftigkeit. Am Dienstag früh fünf Uhr legte er die Regierung in meine Hände, nahm zärtlich Abschied von meinen Brüdern, von allen höheren Offizieren und von mir. Die Königin, meine Brüder und ich waren in seinen letzten Stunden um ihn; er bewies in seinen Qualen den Stoizismus Catos. Er starb mit der Neugier eines Physikers über das, was im Augenblick seines Todes in ihm vorging, und mit dem Heroismus eines großen Mannes und hinterließ uns allen den aufrichtigen Schmerz über seinen Verlust und das nachahmenswürdige Beispiel seines tapferen Sterbens.

Die Fülle von Arbeit, die mir seit seinem Tode zugefallen ist, hat mir zu meinem berechtigten Schmerze kaum Zeit gelassen. Ich glaubte, dass ich seitdem ganz dem Vaterland gehörte. In diesem Sinne habe ich nach besten Kräften gearbeitet und schleunigst Maßnahmen zum allgemeinen Wohle getroffen, soweit ich es vermochte.

Ich habe gleich damit begonnen, die Wehrkraft des Staates um sechzehn Bataillone, fünf Schwadronen Husaren und eine Schwadron Gardesdukorps zu vermehren. Ich habe die Grundlagen unserer neuen Akademie gelegt. Wolff, Maupertuis, Vaucanson und Algarotti habe ich gewonnen. Von Gravesande und Euler erwarte ich die Antwort. Ich habe eine neue Behörde für Handel und Industrie geschaffen; ich nehme Maler und Bildhauer in Dienst und reise nach Ostpreußen, um mir dort huldigen zu lassen.

Meine Lebensweise ist gegenwärtig recht ungeregelt, da die Ärzte es für angebracht hielten, mir *ex officio* Pyrmonter Brunnen zu verordnen. Ich stehe um 4 Uhr auf, trinke bis 8 Uhr Brunnen, schreibe bis 10, besichtige bis Mittag die Truppen, schreibe bis 5 Uhr und erhole mich des Abends in guter Gesellschaft. Wenn die Reisen zu Ende sind, wird meine Lebensweise ruhiger und gleichmäßiger werden, aber bisher habe ich die gewöhnlichen Geschäfte und außerdem die neuen Einrichtungen zu bearbeiten; überdies sind noch viele unnütze Komplimente zu drechseln und Rundschreiben zu erlassen.

Die meiste Mühe macht mir die Errichtung von Kornmagazinen in allen Provinzen, die so groß sind, dass das ganze Land für anderthalb Jahre Nahrung vorrätig hat.

Doch genug von mir! Mich will's verdrießen!
Teurer Freund, erfahre, welche Lust
Mir schon jetzt erfüllt die Brust,
Bald Dich an mein Herz zu schließen!

An Voltaire

Remusberg, 26. Oktober 1740

Das allerunvermutetste Ereignis hindert mich diesmal, lieber Voltaire, meine Seele wie gewöhnlich der Ihren zu erschließen und nach Herzenslust zu plaudern. Der Kaiser ist tot!

Der Fürst, den Natur für den Thron nicht erschuf,
Ward König, dann Kaisers; Eugen hat Ruhm ihm erworben.
Doch ist er, zum Unglück für seinen Ruf,
Als Bankrottierer gestorben.

Dieser Todesfall wirft alle meine friedlichen Pläne über den Haufen. Ich glaube, im Monat Juni wird es sich eher um Schießpulver, Soldaten, Laufgraben handeln, als um Schauspielerinnen, Ballette und Theater. Daher sehe ich mich gezwungen, den Handel, den wir vorhatten, zu vertagen. Meine Lütticher Affaire ist ganz erledigt; aber was jetzt kommt, ist für Europa von weit größerer Bedeutung. Dies ist der Augenblick der völligen Umwandlung des alten politischen Systems; der Stein hat sich gelöst, den Nebukadnezar auf das Bild aus vier Metallen rollen sah, der sie alle vier zerstörte.

Tausend Dank für die Vollendung des Druckes vom »Machiavell«! Arbeiten kann ich jetzt nicht daran; ich bin mit Geschäften überlastet. Meinem Fieber gebe ich nun den

Laufpass; denn ich habe meine Maschine nötig. Sie muss jetzt alles hergeben, was nur möglich ist.

An Algarotti

Remusberg, 28. Oktober 1740

Ich gebe gern zu, lieber Algarotti, dass mein »Antimachiavell« die von Ihnen bezeichneten Fehler besitzt. Ja, ich bin überzeugt, man könnte noch eine Unmenge von Dingen hinzusetzen und fortstreichen, wodurch das Buch sehr gewinnen würde. Aber der Tod des Kaisers macht aus mir einen sehr schlechten Textverbesserer. Er ist für mein Buch verhängnisvoll, vielleicht aber glorreich für mich selbst. Es freut mich sehr, dass es Ihnen im Ganzen gefallen hat. Mir liegt mehr am Beifall eines verständigen und scharfsinnigen Mannes als an Lob oder Tadel der Durchschnittsautoren,

All jener schnöden Brut, die stets am Fuß
Des Helikon im Sumpfe quaken muss,
Die neidisch sich verfolgt und auf der Spur
Apollos kriecht – im Schneckentempo nur.

Wir spielen hier in aller Ruhe Cäsar und Antonius und harren des Tages, wo wir sie wirklich nachahmen können. Das nennt man mit dem Balle spielen, bevor die Partie beginnt.

Ich gehe nicht nach Berlin. Eine solche Bagatelle wie der Tod des Kaisers verursacht nicht viel Aufhebens. Alles war vorhergesehen, alles war vorherbedacht. Also handelt es sich nur um die Ausführung von Entwürfen, die ich seit lange in meinem Kopfe bewegt habe.

An den Herzog von Lothringen in Wien

Remusberg, 30. Oktober 1740

Ich habe aufrichtig Anteil an dem Verluste genommen, den Ew. Königl. Hoheit soeben in der Person des Kaisers erleiden. Das Ereignis wird ganz unverzüglich Europa in Brand setzen und schreckliche Folgen nach sich ziehen, um so mehr, je weniger der Fall vorhergesehen war. Sie kennen die Hochachtung und Freundschaft, die ich stets für Ihre Person gehegt habe, und ich bitte Ew. Königl. Hoheit, mich bei dieser Gesinnung für Ihren guten und wohlgeneigten Vetter zu halten.

Marsch des preußischen Heeres nach Schlesien

An den Minister Graf Podewils

Schweidnitz, 16. Dezember 1740

Lieber Podewils, ich habe den Rubikon überschritten mit fliegenden Fahnen und klingendem Spiel. Meine Truppen sind vom besten Willen beseelt, die Offiziere voller Ehrgeiz, und unsere Generale hungern nach Ruhm; alles wird nach Wunsch gehen, und ich habe Anlass, mir alles erdenkliche Gute von diesem Unternehmen zu versprechen.

Schicken Sie mir Bülow, gehen Sie ihm recht um den Bart und machen Sie ihm den eigenen Vorteil seines Herrn handgreiflich. Kurzum, es gilt, sich die Kenntnis des menschlichen Herzens zunutze zu machen, und so wollen wir zu unseren Gunsten Eigennutz, Ehrgeiz, Liebe, Ruhmsucht und alle Mächte in Bewegung setzen, die die menschliche Seele aufrütteln können.

Ich bin entschlossen, entweder unterzugehen oder mit diesem Unternehmen mir einen ehrenvollen Namen zu machen.

Mein Herz weissagt mir alles nur mögliche Gute. Genug, es ist eine innere Gewissheit, deren Ursprung für uns im Dunkeln ruht, die mir Glück und Gelingen verheißt. Ich werde in Berlin nicht erscheinen, ohne mich des Blutes, aus dem ich entsprossen bin, würdig erwiesen zu haben, und würdig der tüchtigen Soldaten, die ich zu führen die Ehre habe. Leben Sie wohl, ich empfehle Sie dem Schutze Gottes.

An Voltaire

Hauptquartier Herrendorf in Schlesien, 23. Dezember 1740

Ich erhielt zwei Briefe von Ihnen, lieber Voltaire, konnte aber nicht eher antworten. Wie der König im Schachspiel Karls XII. bin ich stets auf den Beinen. Seit vierzehn Tagen sind wir immerfort unterwegs, und bei was für Wetter!

Ich bin zu abgespannt, um Ihre reizenden Verse zu beantworten, und zu durchgefroren, um ihren Reiz voll auszukosten, aber das kommt wieder. Verlangen Sie keine Gedichte von einem, der gegenwärtig wie ein Fuhrmann auf der Landstraße liegt und manchmal bis über die Ohren im Schmutz steckt.

Wollen Sie wissen, wie mein Leben sich abspielt? Wir marschieren von 7 Uhr früh bis 4 Uhr nachmittags. Dann speise ich, arbeite, empfange langweilige Besuche, und schließlich kommt ein Wust von albernen Bagatellen. Da gilt es, Querköpfe zurechtzusetzen, Heißsporne zu zügeln, Faule anzutreiben, Ungeduldige im Zaum zu halten, Raubgierige in die Schranken des Rechts zu weisen, Schwätzer anzuhören und Stumme zu unterhalten. Kurz, man muss mit den Durstenden trinken, mit den Hungernden essen, mit den Juden zum Juden und mit den Heiden zum Heiden werden.

Das ist meine Beschäftigung! Gern würde ich sie mit einer anderen vertauschen, wenn mir das Phantom, Ruhm genannt, nicht allzu oft erschiene. Wahrhaftig, es ist großer Wahnsinn, aber man kommt schwer davon los, ist man einmal davon ergriffen.

An Jordan

In einem Dorf, dessen Aussehen und Namen ich nicht kenne, den 3. März 1741

Jordan, es tut mir sehr leid, dass es Dir schlecht geht. Meine Wünsche sind stets auf Dein Wohlbefinden und auf alles gerichtet, was Dir ersprießlich sein kann. Mir ist es nicht besser ergangen als Dir. Ich bin glücklich einem dichten Schwarm Husaren entronnen, der uns umstellen und gefangen nehmen wollte. Ohne mich zu rühmen, ich habe mich ziemlich geschickt aus der Klemme gezogen. Ich habe keinen meiner Leute verloren, aber eine Schwadron vom Regiment Schulenburg hat Unglück gehabt. Vierhundert Husaren sind darüber hergefallen und haben 40 Mann zusammengehauen.

Ich bin überhäuft mit Geschäften aller Art. Meiner Treu, wenn die Menschen vernünftig wären, würden sie sich weniger um das Phantom des Ruhmes kümmern, das ihnen das Leben so verdrießlich und so schwer macht, das der Himmel ihnen zum Genuss geschenkt hat. Du wirst mich philosophischer finden, als Du glaubst. Ich war stets Philosoph, bald mehr, bald minder. Meine Jugend, die Glut der Leidenschaft, der Ruhmesdurst, ja selbst die Neugier, um Dir nichts zu verhehlen, kurz ein geheimer Instinkt hat mich den Freuden der Ruhe entrissen. Die Genugtuung, meinen Namen in den Zeitungen und später in der Geschichte zu sehen, hat mich verführt.

Leb wohl, lieber, treuer Freund. Grüße Cäsarion!

An den Minister Graf Podewils
(März 1741)

Podewils! Truchseß macht Fortschritte, Mardefeld geht seinen Weg, Chambrier verrichtet Wunder, Klinggräffen ist anbetungswürdig. Also, *cara anima mia, non desperar!* Raesfeld kriecht wie eine Schnecke, der dänische Finck juckt sich, der sächsische Finck hat mit Contrebande zu tun. Aber werden wir dieser Schwierigkeiten Herr, und wir werden triumphieren. Für den Faulen wächst kein Lorbeer, Frau Gloria reicht ihn nur dem, der sich rührt und Herz hat.

Beiläufig gesagt: Zweimal bin ich den österreichischen Husaren entwischt. Sollte mir das Unglück zustoßen, lebend gefangen zu werden, so gebiete ich Ihnen aufs Strengste, und Sie haften mir mit Ihrem Kopf dafür, dass Sie sich während meiner Abwesenheit an keinen meiner Befehle kehren, dass Sie meinem Bruder ratend zur Seite stehen und dass ja der Staat für meine Befreiung nichts unternimmt, was unter seiner Würde ist. Im Gegenteil! Für diesen Fall ist es mein Wille und Befehl, dass mit entschiedenerem Nachdruck als je vorgegangen werde. König bin ich nur, wenn ich frei bin.

Falle ich, so ist mein Wille, dass mein Leib nach Römerart verbrannt und in einer Urne in Rheinsberg beigesetzt werde. Knobelsdorff soll mir ein Grabdenkmal errichten, wie das des Horaz zu Tuskulum.

Ich werde Ihnen eine eingehende Schrift zugehen lassen mit meinen Gedanken über die Weltlage, über das, was mir für heut und für die Zukunft geraten scheint. Mag dann mein Nachfolger nach eigenem Ermessen und dem Wandel der Verhältnisse gemäß verfahren. Vielleicht mache ich diese Arbeit umsonst, doch auch überflüssige Vorkehrungen sind nicht so vom Übel, wie alles, was sich nicht voraussehen lässt, dem Zufall allein zu überlassen. Leben Sie wohl, lieber Freund, vergessen Sie mich nicht.

An den Thronfolger August Wilhelm

Pogarell, 8. April 1741

Soeben rückt der Feind in Schlesien ein, wir sind nicht mehr als eine viertel Meile von ihm entfernt. Der morgige Tag soll also über unser Schicksal entscheiden. Wenn ich sterbe, so bewahre das Andenken an einen Bruder, der Dich stets innig geliebt hat. Sterbe ich, so empfehle ich Dir meine liebe Mutter, meine Bedienten und mein erstes Bataillon. Ich habe Eichel und Schumacher von allen meinen letzten Bestimmungen unterrichtet. Bleibe stets meiner eingedenk, aber tröste Dich über meinen Verlust. Der Ruhm der preußischen Waffen und die Ehre des Hauses bestimmen mein Handeln und werden mich bis in den Tod leiten. Du bist mein alleiniger Erbe. Sterbe ich, so empfehle ich Dir die, die ich im Leben am meisten geliebt habe: Keyserling!, Jordan, Wartensleben, Hacke, der ein Ehrenmann ist, Fredersdorf und Eichel, auf die Du Dich ganz verlassen kannst. Ich vermache 8000 Taler, die ich bei mir habe, meinen Bedienten. Alles, was ich sonst besitze, liegt in Deiner Hand. Jedem meiner Brüder und Schwestern mache ein Geschenk in meinem Namen. Tausend Grüße und Komplimente an meine Schwester in Bayreuth. Du weißt, was ich über sie alle denke, und besser, als ich es zu sagen vermag, kennst Du die Liebe und alle Gefühle unverbrüchlicher Freundschaft, mit denen ich auf immer verbleibe, mein lieber Bruder, Dein treuer Bruder und Diener bis zum Tode.

An Jordan

Pogarell, 8. April 1741

Lieber Jordan, wir werden uns morgen schlagen. Du kennst das Los der Waffen. Das Leben eines Königs wird nicht mehr geschont als das eines gewöhnlichen Soldaten. Ich weiß nicht, was aus mir wird. Ist mein Schicksal besiegelt, so gedenke eines Freundes, der Dich stets zärtlich liebt. Schenkt der Himmel mir noch längeres Leben, so schreibe ich Dir morgen, und Du sollst unseren Sieg erfahren. Leb wohl, lieber Freund, ich werde Dich bis in den Tod lieben.

An Jordan

Hauptquartier Selowitz, 17. März 1742

Wenn ich Sie einmal wiedersehe, müssen Sie sich darauf gefasst machen, dass ich Ihnen unendlich viel zu erzählen habe. Wahrhaftig, die Ehre, das große Rad der Geschicke Europas zu drehen, ist ein schweres Stück Arbeit. Wer zwar weniger glänzend, aber unabhängig lebt, in Müßiggang und Vergessenheit, der ist meines Ermessens glücklicher daran: Das ist das wahre Los des Weisen auf Erden. Ich denke oft an Nemusberg, wo ich mich aus eigenem Antrieb fleißig mit Künsten und Wissenschaften vertraut machte; aber schließlich gibt es keinen Stand ohne Schattenseiten. Damals hatte ich meine kleinen Freuden und Leiden; ich fuhr auf sanften Gewässern. Jetzt schwimme ich auf hohem Meer; eine Welle hebt mich gen Himmel, die nächste reißt mich in die Tiefe, und die dritte trägt mich noch rascher in schwindelnde Höhe. Solche heftigen Gemütserregungen sind nichts für den Philosophen; denn was man auch sagen mag, es ist sehr schwer, gegen Fortunas Launen gleichgültig zu bleiben und das Gefühl aus dem Menschenherzen zu bannen. Umsonst versucht man, im Glück kalt zu erscheinen und sich vom Unglück nicht beugen zu lassen. Sein Mienenspiel kann man wohl verstellen, aber im Herzensgrunde bleibt der Mensch doch nicht unberührt. Alle meine Wünsche gipfeln darin, dass die Erfolge meiner Menschenliebe und den Tugenden, die ich stets bekannt habe, keinen Abbruch tun. Ich hoffe zuversichtlich, dass meine Freunde stets den Alten in mir wiederfinden werden. Wohl werde ich manchmal beschäftigter, sorgenvoll, unruhig und mit Arbeit überbürdet sein, aber stets dienstbereit und vor allem bestrebt, Ihnen zu beweisen, dass ich Sie von ganzem Herzen achte und liebe. Adieu.

An Jordan

Lager bei Kuttenberg, 15. Juni 1742

Fredericus Jordano Heil! Nun endlich ist der Friede da, der Friede, nach dem Sie so geseufzt haben, um den so viel Blut geflossen ist und an dem ganz Europa zu verzweifeln begann. Was man von mir sagen wird, weiß ich nicht. Ich mache mich allerdings auf ein paar satirische Geißelhiebe und auf die landläufigen Redensarten und Gemeinplätze gefasst, die die Toren und Ignoranten, kurz alle, die nicht denken, immerfort einander nachschwatzen. Aber ich frage wenig nach dem blöden Gerede der Welt und appelliere an alle Lehrer des Rechts und der politischen Moral, ob ich nach denkbar treuester Erfüllung meiner Verpflichtungen noch fernerhin gebunden bin, wenn ich bei meinen Verbündeten sehe, dass überhaupt nichts oder nur Verkehrtes geschieht, und außerdem befürchten muss, beim ersten Misserfolg von meinem stärksten und mächtigsten Verbündeten in einem Scheinfrieden preisgegeben zu werden. Ich frage: hat in einem Falle, wo ich den Untergang meiner Armee, die Erschöpfung meines Schatzes, den Verlust meiner Eroberungen, die Entvölkerung des Staates, das Unglück meines Volkes, kurz, all das Missgeschick voraussehe, dem uns das launische Kriegsglück und die Doppelzüngigkeit der Staatsmänner aussetzen, – hat in einem solchen Falle der Herrscher nicht das Recht, sich durch einen weisen Rückzug vor sicherem Schiffbruch oder offenbarer Gefahr zu retten?

Verlangen Sie Ruhm von uns? Meine Truppen haben genug erworben. Verlangen Sie Vorteile? Die Eroberungen geben Zeugnis davon. Wünschen Sie, dass unsere Truppen kriegstüchtig werden? Ich berufe mich auf das unwiderlegliche Zeugnis meiner Feinde. Kurz, nichts kommt meinem Heer an Tapferkeit, Kraft, Geduld in der Arbeit und in alledem gleich, was Truppen unbesieglich macht.

Findet man schon einen Spieler verständig, der das Spiel aufgibt, wenn er ein Septleva gewonnen hat, wie viel mehr muss man dann das Verhalten eines Kriegsmannes billigen, der sich nach einer glänzenden Reihe von Erfolgen vor den Launen des Schicksals in Sicherheit bringt!

Nicht Sie werden den Stab über mich brechen, wohl aber die Stoiker, die bei ihrer Herzenshärte und Hirnverbranntheit zu starrer Moral neigen. Diesen entgegne ich, dass sie gut daran tun, ihre Grundsätze zu befolgen, dass sich aber das Fabelland für so strenge Tugendübung mehr eignet als der von uns bewohnte Erdball, und dass alles in allem ein Privatmann ganz andere Gründe hat, seine Ehrenhaftigkeit zu bewahren, als ein Herrscher. Bei dem Privatmann handelt es sich nur um seinen persönlichen Vorteil, den er beständig dem Gesamtwohl opfern muss. So wird die strenge Beobachtung der Moral für ihn zur Pflicht, nach der Regel: »Es ist besser, ein Mensch sterbe für das Volk, denn dass das ganze Volk verderbe.« Für den Herrscher handelt es sich um den Vorteil eines großen Volkes; dafür zu sorgen, ist seine Pflicht. Zu dem Zweck muss er sich selbst opfern – um wie viel mehr also seine Verpflichtungen, wenn sie in Widerstreit mit der Wohlfahrt seines Volkes geraten.

Das hatte ich Ihnen zu sagen, und Sie können bei Gelegenheit, in Gesellschaft und im Gespräch, davon Gebrauch machen, aber lassen Sie nichts davon merken, dass der Friede geschlossen ist.

An den Minister Graf Podewils

Hauptquartier Pomsdorf, 27. April 1745

Wenn alle meine Hilfsmittel versagen, alle Verhandlungen scheitern, kurz, alle Umstände sich gegen mich erklären, dann will ich lieber in Ehren untergehen, als für mein ganzes Leben Ruhm und guten Namen verlieren! Ich habe es mir zur Ehrensache gemacht, mehr als ein anderer die Macht meines Hauses zu erhöhen, und habe eine vornehme Rolle unter Europas gekrönten Häuptern gespielt. All das sind persönliche Verbindlichkeiten, die ich eingegangen bin; ich bin völlig entschlossen, dafür einzustehen, und koste es mich Glück und Leben. Sie denken wie der redlichste Ehrenmann, und wäre ich Podewils, empfände ich genau so. Aber ich habe einmal den Rubikon überschritten und will nun meine Macht behaupten, oder es mag alles zugrunde gehen und bis auf den preußischen Namen mit mir begraben werden. Indessen beruhigen Sie sich und fassen Sie sich in Geduld. Sollte der Feind etwas unternehmen, so werden wir ihn ganz gewiss schlagen, oder aber wir lassen uns allesamt für des Vaterlandes Wohl und des Hauses Ruhm zusammenhauen. Mein Entschluss steht fest. Tun Sie, was Sie wollen – jeder Versuch, mir meinen Entschluss auszureden, ist aussichtslos. Ein Schiffskapitän, der sich von Feinden umringt sieht und nach allen Versuchen, sich durchzuschlagen, keinen Ausweg mehr weiß – was müsste der für ein Feigling sein, wenn er nicht in stolzem Mute die Lunte an die Pulverkammer legte, um die Hoffnungen des Feindes zuschanden zu machen! Bedenken Sie, dass die Königin von Ungarn, eine Frau, nicht an ihrem Schicksal verzweifelte, als ihre Feinde schon vor Wien standen und ihre blühendsten Länder überschwemmten. Und Sie wollen nicht einmal den Mut eines Weibes aufbringen, wo wir doch keine Schlachten verloren haben, kein empfindlicher Schlag uns betroffen hat, wo wir durch einen glücklichen Erfolg uns höher erheben können, als wir je gestanden haben! Leben Sie wohl, lieber Podewils, stählen Sie Ihren Mut, geben Sie den anderen davon ab, und wenn ein Unheil kommt (das mich doch gewiss am schwersten träfe), halten Sie den Kopf hoch mit Seelengröße und Festigkeit. Das ist alles, was Cato und ich Ihnen sagen können.

An die Gräfin Camas

Lager bei Semowitz, 30. August 1745

Als ich Ihnen das letzte Mal schrieb, war meine Seele ruhig, und ich sah das Unglück, das über mich hereinbrechen sollte, nicht voraus. Ich habe binnen drei Monaten meine beiden treuesten Freunde verloren, Männer, die stets um mich waren und die mir durch ihre erquickende Gesellschaft, ihre Ehrenhaftigkeit und durch aufrichtige Freundschaft oft über Kummer und Krankheit hinweggeholfen haben. Sie werden verstehen, wie schwer es für ein warm fühlendes Herz wie das meine ist, den tiefen Schmerz über diesen Verlust zu ersticken. Wenn ich nach Berlin zurückgekehrt bin, werde ich mich fast als Fremdling im eigenen Vaterland und sozusagen am heimischen Herd vereinsamt fühlen. Ich sage dies einer Frau, die Proben von Charakterstärke abgelegt hat, als sie Schlag auf Schlag viele geliebte Menschen verlor; aber ich gestehe, gnädige Frau, dass ich Ihr bewundernswürdiges Beispiel noch nicht nachahmen kann. Ich setze meine Hoffnung allein auf die Zeit, die allem auf Erden ein Ende macht und die erst unseren Geist abstumpft, um schließlich uns selbst zu vernichten.

Ich freute mich so auf meine Rückkehr; jetzt fürchte ich Berlin, Charlottenburg und Potsdam, kurz, alle Orte, die mir eine trübe Erinnerung an die Freunde sind, die ich für ewig verloren habe. Machen Sie sich in Berlin keine Sorgen. Treten nicht Rückschläge ein, die sich unmöglich vorhersehen lassen, so sehe ich keinen Schatten von Gefahr; und wenn das Schicksal nicht beschlossen hat, uns zu verderben, so weiß ich nicht, was zu fürchten wäre.

Das Arbeitszimmer Jordans mit dem Sarge des Verstorbenen

An die Markgräfin Wilhelmine von Bayreuth

(Potsdam) 16. November 1746

Ich glaube, Du bist jetzt in Bayreuth im Mittelpunkt der Künste und Vergnügungen. Auch hier haben wir einige. Aber ich bin weit entfernt zu glauben, dass die Künste in Frankreich dahinsiechen. Dort finden sie mehr Ermunterung als im ganzen übrigen Europa. Zur Hochzeit des Dauphins sind in Paris zwanzig neue Komödien und Tragödien geschrieben worden, wogegen wir in Deutschland keine einzige haben. Wir kommen eben erst aus der Barbarei heraus, und die Künste liegen noch in den Windeln, aber die Franzosen haben schon ein Stück Wegs zurückgelegt und sind uns vor allem in jeder Art mit Erfolg um ein Jahrhundert voraus. Ich habe in Berlin einen geschickten Kupferstecher, der schöne Pastellbilder malt. Ich werde mir erlauben, Dir eins zu schicken, um zu sehen, ob es Dich befriedigt. Aus Paris erwarte ich Maler und Bildhauer für die Akademie; sie sind noch nicht angelangt, und die Maler sind nur Historienmaler. Wir haben einen vorzüglichen Dekorationskünstler namens Bellavita bekommen und erwarten noch die Astrua, eine ausgezeichnete Sängerin. Das sind lauter Ausländer. Wenn sie bei uns keine Schule machen, wird es sein wie in Frankreich zur Zeit Franz' I. Der ließ Künstler aus Italien kommen, aber sie zeitigten keine Früchte.

An die Markgräfin Wilhelmine von Bayreuth

Berlin, 28. Januar 1752

Deine Tröstungen, liebe Schwester, wirkten auf mich wie der Tropfen auf den heißen Stein, sie haben mein Schmerzgefühl ein wenig gestillt, doch all Deine Güte, alle Lehren der Philosophen und selbst Gottes Allmacht wird das Geschehene nicht rückgängig machen können. Immerhin ist es mir eine rechte Wohltat, in Deinem Mitgefühl und Deinem feinen Verständnis eine Erleichterung zu finden, auf die ich hier beinahe bei keinem Menschen rechnen kann. Ich gebe Dir zu, liebe Schwester, die Mehrzahl der Menschheit, unempfindlich oder gleichgültig, wie sie ist, findet Freundschaft und Herzeleid lächerlich. Das zwingt uns zu einer Zurückhaltung, die um so unerträglicher wird, als man sich selber deswegen allerhand Vorwürfe macht. Ich studiere eifrig, und das schafft mir tatsächlich Erleichterung. Doch schweift dann mein Geist zurück in vergangene Zeiten, so öffnen sich die Wunden des Herzens von Neuem, und ich muss vergeblich wieder betrauern, was ich alles verlor. Ich wünsche Dir von ganzem Herzen Kräftigung Deiner Gesundheit. Das gäbe mir den Todesstoß, sollte ich auch Dich noch verlieren nach so vielen schweren Schlägen, die ich zu bestehen hatte! Ach, liebe Schwester, denke an die, die Dir mit Zärtlichkeit zugetan sind, und schone Dich, wenn nicht um Deiner selbst willen, so doch wenigstens einem Bruder zuliebe, der mit aller Freundschaft und mit äußerster Anhänglichkeit Dein ist.

An den Lord Marschall von Schottland

Berlin, 23. Oktober 1753

Zum Glück, lieber Mylord, bin ich sehr gleichgültig gegen alles, was in Wort und Schrift auf meine Kosten zu Markt gebracht wird; ja, ich bin sogar ganz stolz darauf, wenn ich einem armen Schriftsteller Honorar eintrage, der sonst vielleicht Hungers sterben müsste. Jederzeit habe ich das Urteil der Welt verachtet und bei all meinem Tun und Lassen allein auf das Zeugnis meines Gewissens Wert gelegt. Ich diene dem Staate mit all den Fähigkeiten und mit all der Redlichkeit, die die Natur mir zuerteilt hat. So gering meine Gaben sein mögen, schuldig bleibe ich dem Staate nichts; man kann eben nicht mehr geben, als man selber hat. Im übrigen gehört das nun einmal zum Wesen eines Mannes in öffentlicher Stellung, dass Kritik und Satire und oft sogar Verleumdung ihn aufs Korn nehmen. Wer nur je einen Staat geleitet hat, sei er Minister, General oder König, ohne Stiche ist er nicht davongekommen; es sollte mir leidtun, wenn es mir allein anders beschieden wäre. Und so verlange ich keine Widerlegung des Buches noch eine Bestrafung des Verfassers. Ich habe das Pamphlet mit sehr kühlem Kopfe gelesen und es sogar einigen Freunden mitgeteilt. Es gehört eine größere Eitelkeit, als ich sie besitze, dazu, um sich über derartige Anwürfe zu ärgern, wie sie jeden auf seinem Wege treffen können; ich müsste auch weniger Philosoph sein, als ich es bin, wollte ich mich vollkommen und über jede Kritik erhaben dünken. Ich gebe Ihnen die Versicherung, lieber Mylord, die Schmähungen des anonymen Verfassers haben nicht den mindesten Wolkenschatten über die Heiterkeit meines Daseins gebreitet; meinetwegen können sie noch zehn Pasquille dieser Art zusammenschreiben, mich soll es in meinem Handeln und Denken nicht im geringsten stören.

An den Lord Marschall von Schottland

Potsdam, 16. März 1754

Allerdings hatte ich nicht erwartet, lieber Mylord, dass ich es mit einem Philosophen zu tun bekommen würde, der mir eine Vorlesung über das Wesen des Ehrgeizes hielte. Im Grunde sind wir, glaube ich, einig; was uns trennt, sind nur die Bezeichnungen. Ich verstehe unter Ehrsucht eine heftige, leidenschaftliche Begier, größer zu werden, zu glänzen, Aufsehen zu erregen, sich einen hohen Namen zu schaffen; und das ist eine Gesinnung, die ich als Laster verdamme: Ihr Endziel ist nicht sittlich. Wende ich mich nun auch von dieser Leidenschaft ab, die den Nächsten bedroht und ihrem eigenen Herrn gefährlich ist – anders denke ich über das Ehrgefühl: Dieses äußert sich in einem glühenden Verlangen, seine Pflicht besser zu leisten als andere, es ihnen durch innere Würdigkeit zuvorzutun. Ehrgefühl spornt, ohne Eifersucht zu erwecken, die Seele an, entreißt sie der Untätigkeit und Gleichgültigkeit. Ehrgefühl ließ den Prinzen Condé seinen Feldzug in die Franche Comté unternehmen, damit er Turennes holländischen von 1672 überbiete. Ich glaube, selbst ein Mensch, der fern von der großen Welt lebt, kann diesen Stachel verspüren; es ist, mit einem Wort, der edelste Antrieb zu allen unseren Leistungen. Was nun die meinen anlangt, so verdienen sie, lieber Mylord, die hohe Anerkennung nicht, die Ihre Freundschaft ihnen zollt. Die Menschen betrachten uns Könige mit denselben Augen wie kleine Kinder, die schon mit ihrem Lallen Bewunderung ernten, als sei das viel für ihr Alter: Ganz erstaunt sind sie, wenn unsereiner weder stumpfsinnig noch närrisch ist, und so erklärt man sich schon mit unseren bescheidensten, vernünftigen Handlungen zufrieden. Sieht man nun aber von einigen wenigen Herrschern ab, so bleiben allein die Begründer der Reiche, die wirkliche Männer gewesen sind; Lässigkeit und Schlaffheit war dagegen offenbar das Erbteil aller ihrer Nachfolger. Ich glaube, ihre verdammenswerte seelische Trägheit ist auf Rechnung der üblichen Prinzenerziehung zu setzen, die sie wohl zum Gehorchen anhält, aber nicht zum Gebieten.

An den Geheimen Kämmerer Fredersdorf
(April 1764)

Wenn heute gegen Mittag die Sonne scheint, so werde ich ausreiten, komm doch ans Fenster ich wollte Dich gerne sehen; aber das Fenster muss feste zu bleiben und in der Kammer muss stark Feuer sein. Ich wünsche von Herzen, dass es sich von Tage zu Tage mit Dir bessern möge. Gestern habe ich Deine Besserung zelebriert, mit 2 Bouteillen ungarischem Wein.

An den Geheimen Kämmerer Fredersdorf
(1754)

Es ist mir recht lieb dass Du dieses Mal wieder durch bist, allein wessen Schuld ist es? Meine bayersche Köchin rühmt sich, dass sie Dich in der Kur hat, Lachmann brauchst Du, Dermank, und wer weiß, wie viele andere Doktoren.

Ich muss Dir die reine Wahrheit sagen, Du führst Dich wie ein ungezogener Fant auf, und wenn Du gesund wärst, wie ein vernünftiger Mensch, mach doch einmal ein Ende mit der närrischen Quacksalberei, da Du gewiss, wenn Du nicht davon abläset, Dir den Tod mit tun wirst, oder Du wirst mich zwingen, Deine Leute in Eid und Pflicht zu nehmen, auf dass sie mir gleich angeben müssen, wenn ein neuer Doktor kommt oder Dir Medizin geschickt wird. Hättest Du mir gefolgt, so würdest Du diesen Sommer und Herbst gut zugebracht haben, aber die närrische und unmögliche Einbildung in 8 Tagen gesund zu werden, hat Dir fast einen Mörder an Deinen Leibe gemacht. Ich sage es Dir rein heraus: Wirst Du Dich jetzt nicht von allen Deinen Idioten-Doktoren, alten Weibern etc. losschlagen, so werde ich *Cothenius* verbieten, den Fuß in Dein Hause zu setzen, und werde mich nicht weiter um Dich kümmern, denn wenn Du so närrisch bist, das Du Dich nach so vielen Proben durch solches liederliches Gesinde willst ums Leben bringen lassen, so mögest Du Deinen Willen haben, aber so wird Dich auch kein Mensch beklagen.

Du hast mir zwar viel versprochen, aber Du bist so leichtgläubig und so leichtsinnig, dass man auf Deine Worte keinen Staat machen kann. Sehe nun selber, was Du tun willst, und morgen gib Deine Resolution, denn es muss der Sache ein rechtes Ende werden. Sonst krepiert meine Seele aus purem Übermut.

An die Markgräfin Wilhelmine von Bayreuth

Potsdam, 28. Juli 1756

Rings um mich her, liebe Schwester, sehe ich Ehrgeizige Schiffbruch leiden. So suche ich meinem Alter entsprechend mein Benehmen einzurichten. Weit entfernt, jeder ersten Regung meines Innern zu folgen, schlage ich eine sichere Straße ein. Ich habe Verhandlungen mit meinen Feinden eingeleitet: Sie sollen sich über ihre Absichten erklären, und auf diese Weise soll meine Haltung vor der ganzen Welt gerechtfertigt werden. Zeigt dieser Versuch, dass sich mit jenen Leuten nicht reden lässt, verschließen sie in ihrem Taumel auch ferner ihr Ohr der Stimme der Vernunft, so werde ich tun, was jeder an meiner Stelle täte, aber mit völlig reinem Gewissen und voll Vertrauen auf meine gerechte Sache. Mache Dir, liebe Schwester, keine Gedanken über die Zukunft; sie ist ungewiss, ein Schleier verbirgt sie zum Glück vor unseren Augen. Unsere Hoffnungen so wenig wie unsere Befürchtungen werden den Lauf der Ereignisse hemmen, und da wir nun einmal Menschen sind, also für Glück und Unglück geboren, so muss man auf alles gefasst sein und mit gleicher Miene entgegennehmen, was für ein Nass auch Jupiter aus seinen beiden Schalen über uns ausschütten wird. Schließlich, liebe Schwester, tun wir uns selber Unrecht, wenn wir nur immer Unheil voraussehen. Aus beidem, Glück und Unglück, ist unser Los gemischt, und wir dürfen uns mehr Glück als Unglück versprechen.

Ein preußischer Trommler schlägt Alarm: Mobilmachung des Heeres

An den Thronfolger August Wilhelm

Potsdam, 13. August 1756

Wenn unsere Feinde, lieber Bruder, uns den Krieg aufdrängen, so muss man fragen: Wo stehen sie? Und nicht: Wie viel sind ihrer? Wir haben nichts zu fürchten, unsere Feinde laufen größere Gefahr als wir, und nach allen Regeln der Wahrscheinlichkeit werden wir uns höchst ehrenvoll aus der Schlinge ziehen. Lass die Weiber in Berlin über Teilungsverträge schwatzen! Wir preußischen Offiziere, die wir unsere Kriege hinter uns haben, müssen wissen, dass keine Überzahl und keine Schwierigkeit uns je den Sieg entreißen konnten, und müssen bedenken, dass es noch dieselben Truppen sind wie im letzten Kriege, dass das ganze Heer noch besser für die Schlacht geschult ist, und dass es für uns, wenn wir nicht allzu grobe Dummheiten begehen, moralisch unmöglich ist, vorbeizuhauen. Diese Herzstärkung, lieber Bruder, wird hoffentlich die trüben Nebel zerteilen, die die Politiker und die politisierenden Damen über die Stadt verbreitet haben.

An die Prinzessin Amalie

Lockwitz, 26. März 1757

Unsere politische und militärische Lage ist bis zu dieser Stunde unverändert; nur haben wir nunmehr Kantonnementsquartiere bezogen. Auch der Feind fängt an, sich zu sammeln und sich zu verstärken. Wappne Dich also gegen jedes mögliche Ereignis; denke an das Vaterland und halte Dir gegenwärtig, dass dessen Verteidigung unsere oberste Pflicht ist. Hörst Du, dass einem von uns ein Unglück zugestoßen sei, so frage, ob er im Kampf gefallen ist, und ist es so, dann danke Gott. Für uns gibt es nur Tod oder Sieg; eins von beiden muss uns beschieden sein. So denkt hier jedermann. Wie? Du willst, dass jeder sein Leben für den Staat darbringt, aber nicht, dass Deine Brüder darin mit ihrem Beispiel vorangehen? Liebe Schwester, in diesem Augenblicke ist Schonung nicht mehr am Platz; hier gilt es nur: hinauf zum Gipfel des Ruhmes oder Vernichtung! Der bevorstehende Feldzug bedeutet für uns das Gleiche, wie der von Pharsalus für die Römer oder jener von Leuktra für die Griechen, wie Denain für die Franzosen oder die Belagerung von Wien für Österreich: Das sind epochemachende Ereignisse, die über alles entscheiden und das Antlitz Europas verändern. Vor dieser Entscheidung heißt es, ein grausiges Glücksspiel bestehen; doch wenn der Knoten gelöst ist, hellt sich der Himmel auf und wird wieder heiter. So stellt sich unsere Lage dar. Man braucht an nichts zu verzweifeln, muss aber auf jeden Ausgang gefasst sein und auf sich nehmen, was das Geschick einem zuteilen will, mit unbewegter Miene, ohne Stolz, wenn es gut ausgeht, und ohne sich vom Unglück erniedrigen zu lassen.

An die Königinmutter
(Mai 1757)

Meinen Brüdern und mir geht es noch immer gut. Der ganze Feldzug ist für die Österreicher so gut wie verloren, und ich habe freie Hand mit 150 000 Mann. Nimm dazu, dass wir Herren über ein Königreich sind, das genötigt ist, uns Truppen und Geld zu liefern. Die Österreicher sind zerstoben wie Spreu vor dem Winde. Einen Teil meiner Truppen werde ich zur Bewillkommnung der Herren Franzosen absenden und mit dem Rest meines Heeres die Österreicher verfolgen.

An den Thronfolger August Wilhelm
Leitmeritz, 19. Juli 1757

Du weißt nicht, was Du willst, noch was Du tust. In einem Briefe schreibst Du, ich möchte Dir von hier aus Brot senden, und dabei gibst Du feige Gabel preis, dass die Verbindung mit Zittau, Deinem Magazin, herstellt! Du wirst immer nur ein jammervoller Heerführer sein. Befehlige doch einen Harem von Hoffräuleins, meinetwegen; solange ich aber am Leben bin, vertraue ich Dir keine zehn Mann mehr an. Wenn ich tot bin, mache so viel Dummheiten, wie Du willst; die gehen dann auf Deine Rechnung. Aber solange ich lebe, sollst Du keine mehr machen, die dem Staat zum Nachteil ausschlagen. Das ist alles, was ich Dir zu sagen habe. Mögen Deine besten Offiziere jetzt die Schweinerei, die Du angerichtet hast, wieder gutmachen; prüfe Deine Kraft, ehe Du um ein Kommando bittest! Was ich Dir sage, ist hart, doch wahr. Du zwingst mich dazu, indem Du es dahin bringst, dass die Armee und ich ihren Ruf einbüßen und der Staat zugrunde geht.

An die Markgräfin Wilhelmine von Bayreuth

Erfurt, 17. September 1757

Deine lieben Briefe, teure Schwester, sind mein einziger Trost. Könnte der Himmel so viel Edelsinn und heroische Empfindungen vergelten! Seit meinem letzten Schreiben häuft sich bei mir Unglück auf Unglück. Es scheint, das Schicksal will seinen ganzen wütenden Ingrimm auf meinen armen Staat entladen.

Ich will immer noch den Himmel für seine Güte segnen, wenn er mir nur die Gunst gewährt, mit dem Degen in der Faust zu fallen. Täuscht mich auch diese Hoffnung, dann, wirst Du mir zugeben, wäre es allzu hart, müsste ich vor dieser Verräterbande im Staube kriechen, die jetzt durch ihre glückgekrönten Verbrechen in der Lage ist, mir ihren Willen zu diktieren. Wie vermöchte ich, teure, unvergleichliche Schwester, der Gefühle der Rache und der Erbitterung Herr zu werden gegen all meine Nachbarn, unter denen auch nicht einer ist, der nicht an der Beschleunigung meines Sturzes mitgeholfen hätte und sich nicht seines Anteils an dem Raube freute. Kann ein Fürst seinen Staat, den Ruhm seiner Nation, die Ehre seines eigenen Namens überleben? Nein, liebe Schwester, Du denkst zu groß, um mir solche Feigheit anzusinnen. Soll das kostbare Vorrecht der Freiheit den gekrönten Häuptern des achtzehnten Jahrhunderts weniger teuer sein als einst den römischen Patriziern? Und wo steht geschrieben, dass Brutus und Cato es an hoher Gesinnung Fürsten und Königen zuvortun würden? Die Festigkeit besteht im Widerstand gegen das Unglück; nur Memmen beugen sich unter das Joch, schleppen ergeben ihre Ketten und ertragen ruhig die Unterdrückung. Nie wird es mir möglich sein, in solche Schmach zu willigen. Hat mich die Ehre doch schon hundertmal im Kriege mein Leben der Gefahr aussetzen und aus geringerem Anlass als hier dem Tode trotzen lassen. Das Leben ist es sicherlich nicht wert, sich so fest daran zu klammern, zumal wenn man voraussehen muss, dass es fortan nur eine Kette von Leiden sein wird, und dass man sein Brot wird mit Tränen essen müssen:

Endlos wie ein Jahrhundert Schmerz und Not,
Und nur ein kurzer Augenblick der Tod.

Hätte ich nur meiner Neigung folgen wollen, ich hätte gleich nach der unglücklichen Schlacht, die ich verloren habe, ein Ende gemacht; doch ich fühlte, das wäre Schwäche, und es sei meine Pflicht, die Scharte wieder auszuwetzen. Meine Hingebung an den Staat erwachte wieder; ich sagte mir: Im Glück Verteidiger zu finden, das will nichts bedeuten, wohl aber im Unglück. So machte ich es mir zur Ehrensache, allen Schaden wieder gutzumachen, was mir noch letzthin in der Lausitz gelungen ist. Kaum aber bin ich hierher geeilt, neuen Feinden die Stirn zu bieten, da wird Winterfeldt bei Görlitz geschlagen und getötet, da dringen die Franzosen ins Herz meiner Staaten ein, da blockieren die Schweden Stettin. Was kann ich da noch beginnen? Der Feinde sind es zu viel. Selbst wenn ich so glücklich wäre, zwei Heere zu schlagen, das dritte würde mich vernichten.

*Wilhelmine Markgräfin von Bayreuth, Schwester Friedrichs des Großen
Bleistiftzeichnung von Menzel*

Die Dankbarkeit, die innige Anhänglichkeit an Dich, unsere altbewährte Freundschaft, die sich nie verleugnet, verpflichtet mich, ganz offen gegen Dich zu handeln. Nein, herrliche Schwester, ich will keinen meiner Schritte vor Dir geheim halten, von allem Dich in Kenntnis setzen. Meine Gedanken, das Innerste meines Herzens, meine Entschließungen, alles sollst Du rechtzeitig erfahren. Überstürzen werde ich nichts, andrerseits wird es mir aber auch unmöglich sein, meine Gesinnung zu ändern. Wohl schien nach der Prager Schlacht die Lage der Königin von Ungarn bedenklich, aber sie hatte mächtige Verbündete und noch bedeutende Hilfsquellen;

ich habe weder das eine noch das andere. Ein Unglück allein würde mich nicht zu Boden werfen, ich habe schon so viele überstanden: die Niederlagen bei Kolin und bei Jägersdorf in Ostpreußen; den unglücklichen Rückzug meines Bruders und den Verlust des Magazins von Zittau, die Einbuße aller meiner westfälischen Provinzen, das Unglück und den Tod Winterfeldts, den Einbruch in Pommern, in das Magdeburgische und Halberstädtische, die Untreue meiner Verbündeten. Und trotz aller dieser Schläge recke ich mich auf gegen das Missgeschick, sodass ich glauben darf, dass meine Haltung bis heute von jeder Schwäche frei ist. Ich bin fest entschlossen, gegen das Unheil anzukämpfen, zugleich aber auch, nie meinen Namen unter die Schande und Schmach meines Hauses zu setzen.

Nun weißt Du alles, liebe Schwester, was im Grunde meiner Seele vorgeht; da hast Du meine Generalbeichte. Was Dich anlangt, unvergleichliche Schwester, so habe ich nicht das Herz, Dich in Deinen Entschließungen umstimmen zu wollen. Unsere Denkweise ist ganz die gleiche; unmöglich kann ich Empfindungen, die ich täglich selber hege, bei Dir verdammen. Das Leben ward uns von der Natur als eine Wohltat gegeben; sobald es eine solche nicht mehr ist, läuft der Vertrag ab, wird jeder Mensch Herr darüber, seinem Missgeschick ein Ende zu setzen in dem Augenblick, da er es für geraten hält. Einen Schauspieler, der auf der Bühne bleibt, wenn er nichts mehr zu sagen hat, pfeift man aus. Unglückliche beklagt die Welt nur in den ersten Augenblicken; bald wird sie ihres Mitgefühls müde; dann sitzt die Schmähsucht der Menschen über sie zu Gericht und befindet, alles, was sie betroffen, hätten sie sich nur durch eigene Schuld zugezogen; schon ist der Stab über sie gebrochen, und schließlich fallen sie der Verachtung anheim. Überlasse ich mich fernerhin dem gewöhnlichen Lauf der Natur, so werden der Kummer und meine schlechte Gesundheit in wenigen Jahren meine Tage kürzen. Das hieße mich selber überleben und feige dulden, was zu vermeiden in meiner Hand liegt. Außer Dir bleibt mir in der weiten Welt niemand mehr, der mich noch ans Diesseits bände; meine Freunde, meine teuersten Verwandten ruhen im Grabe – mit einem Wort: Ich habe alles verloren. Ist Dein Entschluss der gleiche wie meiner, so enden wir gemeinsam unser Unglück, unser unseliges Geschick. Die in der Welt zurückbleiben, mögen sich dann mit den Sorgen abfinden, die auf ihnen lasten werden, und all das Schwere auf sich nehmen, das so lange unsere Schultern gedrückt hat.

König Friedrich; im Hintergrunde sein Gefolge

Das sind, angebetete Schwester, trübselige Betrachtungen, doch schicken sie sich zu meinem Zustand. Wenigstens wird keiner sagen können, ich hätte die Freiheit meines Vaterlandes, die Größe meines Hauses überlebt; mein Tod wird den Beginn der Zwingherrschaft des Hauses Österreich bezeichnen. Doch was liegt daran, wie es zugehen wird, wenn ich nicht mehr bin? Mein Gedächtnis wird dann nicht belastet sein mit all dem Elend, das nach meinem Erdenleben über die Welt kommen wird, und dann wird man dankbar, wenn auch zu spät, erkennen, dass ich mich bis zum letzten der Unterdrückung und Knechtung meines Vaterlandes entgegengestemmt habe, und dass ich nur dank der Erbärmlichkeit derer unterlegen bin, die es mit ihrem tyrannischen Unterjocher gehalten haben, anstatt mit ihrem Verteidiger.

An die Markgräfin Wilhelmine von Bayreuth

Bei Weihenfels, 5. November 1757

Endlich, teure Schwester, kann ich Dir etwas Gutes melden. Du wusstest ohne Zweifel, dass die Franzosen nebst der Reichsarmee Leipzig einnehmen wollten. Ich bin herbeigeeilt und habe sie über die Saale zurückgejagt. Der Herzog von Richelieu hatte ihnen eine Verstärkung von 20 Bataillonen und 14 Schwadronen geschickt; sie selbst haben ihre Zahl auf 63 000 Mann angegeben. Gestern habe ich sie rekognosziert, konnte sie aber in ihrer befestigten Stellung nicht angreifen; das hat sie verwegen gemacht. Heute rückten sie vor, um mich anzugreifen, ich bin ihnen aber zuvorgekommen. Das war eine zahme Schlacht. Gottlob hatte ich keine hundert Tote; der einzige schwer verwundete General ist Meinicke. Mein Bruder Heinrich und General Seydlitz haben leichte Streifschüsse am Arm. Wir haben alle Kanonen des Feindes erbeutet; seine Auflösung ist vollständig; ich bin in vollem Marsche, um ihn über die Unstrut zurückzuwerfen.

Nach so viel Aufregung dank dem Himmel ein günstiges Ereignis! Es wird heißen, dass 20 000 Preußen 60 000 Franzosen und Deutsche geschlagen haben. In Frieden werde ich nun ins Grab steigen, seit der Ruhm und die Ehre meines Volkes gerettet sind. Wir können wohl unglücklich sein, aber nicht ehrlos.

An die Markgräfin Wilhelmine von Bayreuth

Breslau, 8. Februar 1758

Wir leben hier, liebe Schwester, verhältnismäßig ruhig. Wir sind dabei, unsere Verluste auszugleichen, damit wir im nächsten Frühjahr unseren Feinden den denkbar stärksten

Widerstand leisten können. Schwester Amalie ist nach Berlin zurückgekehrt, und so führe ich ungefähr das Leben eines Einsiedlers, arbeite viel, gehe nicht aus und erhole mich abends in kleinem Kreise und mit Musik.

Es tut mir wirklich sehr leid, dass Euer Land für alle möglichen Besuche so bequem liegt. Die Triumvirn Europas haben Gewalt anstatt der Herrschaft der Gesetze eingeführt. Auf dem weiten Erdenrund sieht man nur noch Unrecht und Gewalttat, und wenn das Glück uns nicht wunderbar begünstigt, wird die Tyrannei die ganze bekannte Welt in Ketten schlagen. Wir alle müssen uns damit trösten, dass unser Zeitalter in der Weltgeschichte Epoche machen wird, und dass wir die außerordentlichsten Ereignisse miterlebt haben, die der Wechsel aller Erdendinge seit lange hervorgebracht hat. Das ist viel für unsere Neugier, aber nichts für unser Glück. Kurz, liebe Schwester, dieses Gesindel von Kaisern, Kaiserinnen und Königen zwingt mich dies Jahr noch zum Seiltanzen. Ich tröste Mich mit der Hoffnung, dass ich dem einen oder anderen mit der Balancierstange tüchtig eins auswischen werde; ist das aber geschehen, so muss man wahrhaftig an Frieden denken. Was für Menschenopfer, was für eine entsetzliche Schlächterei! Ich denke nur mit Schaudern daran. Was man aber auch dabei empfinden mag, es gilt, sich ein ehernes Herz zu schaffen und sich auf Mord und Gemetzel vorzubereiten.

Ich bitte Dich herzlich, mache Dich von diesen düsteren Gedanken frei und heitere Dich auf, soweit es Dir möglich ist. Bedenke, liebe Schwester, Deine Freundschaft bildet meinen ganzen Trost, und verlöre ich Dich, so würde ich alles verlieren.

*Der Freundschaftstempel im Park von Sanssouci,
den Friedrich dem Andenken seiner Schwester Wilhelmine weihte*

An die Markgräfin Wilhelmine von Bayreuth

Lager bei Skalitz, 4. August 1758

Wie ich höre, liebe Schwester, geht es Dir sehr schlecht. Du kannst Dir denken, wie groß meine Besorgnis, mein Kummer, meine Verzweiflung ist. Habe ich je einen Freundschaftsbeweis von Dir gefordert, hast Du je Liebe für mich empfunden, so bitte ich Dich jetzt um eine Probe davon. Erhalte Dich am Leben, und wenn es nicht um deiner selbst willen ist, so denke: Es geschieht für einen Bruder, der Dich anbetet, der Dich als seine Herzensfreundin, als seinen Trost ansieht. Denke daran, dass Du mir von allen meinen überlebenden Verwandten die teuerste bist. Ich werde Mittel und Wege finden, mich aller meiner Feinde zu entledigen; ich werde, wenn es dem Himmel gefällt, den Staat aus der Gefahr retten; aber verliere ich Dich, so ist es nicht wieder gutzumachen, und Du selbst stößt mir den Dolch ins Herz. Alles in der Welt kann sich ändern, aber der Verlust eines Menschen wie Du ist ein unheilbares Unglück. Bei allem, was Dir lieb und teuer ist, suche Deinen eigenen großen Kummer zu bezwingen und auch den, den wir etwa teilen; vor allem aber erhalte Dich am Leben. Das meine ist an das Deine geknüpft; ohne Dich wird es mir unerträglich. Du bist mein Trost, nur Dir allein kann ich mein Herz rückhaltlos öffnen. Ja, liebe Schwester, entweder kennst Du mich schlecht, oder, wenn Du mich kennst, wirst Du alle Kraft zusammennehmen, um wieder zu genesen. Du wirst Deine Sorgen beschwichtigen, wirst Dich selbst bezwingen und alles für Deine Gesundheit tun.

Um meinetwillen beunruhige Dich nicht. Du weißt, die Geschäfte gehen niemals glatt; aber ich versichere Dir, Du sollst gute Nachrichten von unseren Kriegsoperationen erhalten. Mir geht es gut und wird es gut gehen, wenn ich nur von Deiner Besserung höre. Erhalte ich aber schlechte Nachrichten aus Bayreuth, so wird meine Sündhaftigkeit unterliegen.

An Marquis d'Argens

Reich-Hennersdorf, 28. Mai 1759

Noch ist kein Anlass, Viktoria zu rufen oder die Zukunft vorauszusagen. Die Hauptarbeit, die Lösung des Knotens, steht uns erst bevor, und es muss abgewartet werden, wie das Schicksal die Ereignisse lenkt. Was aber auch geschieht, nichts soll meine Philosophie umstoßen. An meine Gesundheit und meine innere Zufriedenheit denke ich nicht; das sind Dinge, die mir höchst gleichgültig erscheinen. Ich sehe, lieber Marquis, Sie lassen sich irreführen wie die Öffentlichkeit. Meine Lage mag von fern wohl noch halbwegs glänzend erscheinen, aber aus der Nähe betrachtet, ist es nichts als dicker Rauch und Qualm. Ich weiß fast nicht mehr, ob es auf Erden noch ein Sanssouci gibt: wo der Ort auch liegen mag, für mich passt der Name nicht mehr. Kurz, lieber Marquis, ich bin alt, traurig und grämlich. Hin und wieder leuchtet meine alte Fröhlichkeit wohl noch auf, aber es sind nur Funken, die, weil die nährende Kohlenglut fehlt, verglimmen; es sind Blitze, die durch dunkle Wetterwolken flammen. Ich rede die Wahrheit: Wenn Sie mich sähen, fänden Sie die Spuren dessen, was ich einst war, nicht mehr. Sie sähen einen alt und grau gewordenen Mann, der die Hälfte seiner Zähne verloren hat, einen Mann ohne Frohsinn, ohne Feuer, ohne Einbildungskraft. Das ist übrigens weniger das Werk der Jahre als des Kummers; es ist der traurige Anfang der Hinfälligkeit, die der Herbst unseres Lebens unweigerlich mit sich bringt. Solche Betrachtungen machen mich höchst gleichgültig gegen das Leben und bringen mich in die rechte Stimmung eines Menschen, dem es bestimmt ist, auf Tod und Leben zu kämpfen. Ist man mit dem Leben erst so weit fertig, dann schlägt man sich tapfer und scheidet ohne Bedauern aus der Welt.

Instruktion für General Wedell

(Juli 1759)

1. Alle Wagen sofort von der Armee abzuschaffen und es auf den hiesigen Fuß, der dem General von Wedell bekannt ist, zu halten.

2. Für das Brot zu sorgen und solches aus Glogau oder Küstrin beizuschaffen.

3. Auf scharfen Gehorsam zu halten.

4. Den Offizieren bei Kassation das Lamentieren und niederträchtige Reden zu untersagen.

5. Zu schimpfen auch diejenigen, die des Feindes Stärke bei allen Gelegenheiten zu groß ausschreien.

6. Den Feind erstlich durch eine gute Position aufzuhalten.

7. Alsdann nach meiner Manier zu attackieren.

8. Sollte, davor Gott sei, die Armee geschlagen werden, sich zu setzen, wo der Feind eindringen will, oder hinter Frankfurt, Krossen oder bei der Festung Glogau.

9. Diejenigen Offiziere, die *Lâchetéten* begehen, sofort vors Kriegsrecht zu setzen.

10. Die leichten Truppen durch unsere Husaren, Dragoner etc. in Respekt zu halten.

11. Mannszucht und strengen Gehorsam bei der Armee zu erhalten.

12. Mir bei seiner Ankunft gleich von allem zu benachrichtigen.

An den Minister Graf Finckenstein

Wulkow, 8. August 1759

Wenn Sie morgen Schießen hören, wundern Sie sich nicht: Es ist das Viktoriaschießen für die Schlacht bei Minden. Vermutlich werde ich Sie noch ein paar Tage unnütz warten lassen. Ich habe viele Anordnungen zu treffen und finde große Schwierigkeiten zu überwinden: Es gilt das Vaterland zu retten, aber nicht zugrunde zu richten; ich muss vorsichtiger und zugleich unternehmender sein denn je. Kurzum, ich werde alles tun und unternehmen, was ich für ausführbar und möglich halte. Dabei bin zur Eile gezwungen, um Hadiks etwaige Anschläge auf Berlin zu vereiteln. Leben Sie wohl, mein Lieber. Binnen Kurzem werden Sie entweder ein *De Profundis* oder ein *Te deum* anstimmen.

*Der König bei Kunersdorf in Gefahr; ein Husaren-Unteroffizier, Belten,
der später geadelt und zum Offizier befördert wurde, macht auf ihn aufmerksam.
Seine Rettung schreibt Friedrich in seinen »Denkwürdigkeiten«
dem Rittmeister von Prittwitz im Husarenregiment Zieten zu*

An den Minister Graf Finckenstein

Reitwein, 12. August 1759

Heute Morgen um 11 Uhr habe ich den Feind angegriffen. Wir haben ihn bis an den Judenkirchhof bei Frankfurt getrieben. Alle meine Truppen haben Wunder verrichtet, aber dieser Kirchhof hat uns ungeheure Verluste gebracht. Unsere Leute gerieten in Verwirrung, ich habe sie dreimal wieder gesammelt; schließlich wäre ich beinahe selbst in Gefangenschaft geraten und musste das Schlachtfeld räumen. Mein Rock ist von Kugeln durchbohrt; zwei Pferde sind mir unter dem Leibe erschossen. Zu meinem Unglück lebe ich noch. Unser Verlust ist sehr beträchtlich; von einem Heere von 43 000 Mann habe ich jetzt, wo ich dies schreibe, keine 3000. Alles flieht, und ich bin nicht mehr Herr meiner Leute. Man wird in Berlin gut tun, an seine Sicherheit zu denken. Das ist ein grausamer Schlag, ich werde ihn nicht überleben. Die Folgen davon werden schlimmer sein als die Sache selbst. Ich habe keine Hilfsmittel mehr, ungelogen, ich halte alles für verloren. Den Untergang meines Vaterlandes werde ich nicht überleben. Adieu für immer.

Vollmacht und Instruktion für General Finck

(August 1759)

Weilen mir eine schwere Krankheit zugestoßen, so übergebe das Kommando meiner Armee während der Krankheit bis an meine Besserung an den General Finck, und kann er im Notfall von des General Kleisten Korps ingleichen disponieren, nachdem es die Umstände erfordern; ingleichen von denen Magazins in Stettin, Berlin, Küstrin und Magdeburg.

Friderich

Instruktion für den General Finck

Der General Finck kriegt eine schwere Kommission. Die unglückliche Armee, so ich ihm übergebe, ist nicht mehr imstande, mit die Russen zu schlagen. Hadik wird nach Berlin eilen, vielleicht Laudon auch. Gehet der General Finck diese beide nach, so kommen die Russen ihm im Rücken. Bleibt er an der Oder stehen, so kriegt er den Hadik diesseits. Indessen so glaube, dass, wann Laudon nach Berlin wollte, solchen könnte er unterwegens attackieren und schlagen. Solches, wo es gut geht, gibt dem Unglück einen Anstand und hält die Sachen auf. Zeit gewonnen ist sehr viel bei diesen desperaten Umständen.

Die Zeitungen aus Torgau und Dresden wird ihm Köper, mein Sekretär, geben. Er muss meinem Bruder, den ich (zum) Generalissimus bei der Armee deklariert, von allem berichten. Dieses Unglück ganz wieder herzustellen, gehet nicht an; indessen was mein Bruder befehlen wird, das muss geschehen. An meinen *Neveu* muss die Armee schwören.

Dieses ist der einzige Rath, den ich bei denen unglücklichen Umständen imstande zu geben bin; hätte ich noch *Ressourcen,* so wäre ich dabei geblieben.

Friderich

An Graf Algarotti

Freiberg, 10. März 1760

Es steht fest, dass wir im letzten Feldzuge nichts als Unglück gehabt haben, und dass unsere Lage ungefähr so war wie die der Römer nach der Schlacht bei Cannae. Ebenso hätte sich auf unsere Feinde das Wort des Barkas an Hannibal anwenden lassen: »Zu siegen verstehst Du« usw. Unglücklicherweise hatte ich gegen Ende des Feldzuges einen schweren Gichtanfall, der mir beide Beine und die linke Hand lähmte. Ich vermochte nichts weiter zu tun, als mich hinzuschleppen und unserem Unglück müßig zuzuschauen. Fürwahr, wir haben eine ganze Welt gegen uns; nur mit äußerster Anspannung kann man da widerstehen, und ist es nicht zu verwundern, dass uns oft etwas fehlschlägt. Hat der ewige Jude jemals gelebt, dann hat er kein so unstetes Leben geführt wie ich. Schließlich sinkt man auf das Niveau herumziehender Komödianten, die weder Haus noch Herd haben. Wir irren durch die Welt und führen da unsere blutigen Tragödien auf, wo unsere Feinde gerade die Bühne aufschlagen.

Kläglich Narren, die wir sind! Nur einen Augenblick haben wir zu leben, und den machen wir uns so schwer wie möglich! Da zerstören wir die Meisterwerke des Gewerbfleißes und der Zeit und hinterlassen ein Andenken, das durch die von uns angerichteten Verwüstungen und alle daraus folgenden Leiden uns zum Fluche wird! Sie leben jetzt friedlich in einem Lande, das lange der Schauplatz ähnlicher Katastrophen gewesen ist und es seinerzeit wieder werden wird. Genießen Sie Ihre Ruhe und vergessen Sie die nicht, gegen die Ihr Papst eine Art Kreuzzug gepredigt hat, die die Martern der Ungewissheit und die rühmlichen Nöte aushalten müssen, welche die Staatsgeschäfte mit sich bringen.

An Marquis d'Argens

Neumarkt, 17. August 1760

Gott ist stark in den Schwachen: Das sagte der alte Bülow jedes Mal, wenn er uns anzeigte, dass seine Kurprinzessin schwanger sei. Ich wende dies schöne Wort auf unsere Armee an. Die Österreicher, 80 000 Mann stark, wollten 35 000 Preußen umzingeln. Wir haben Laudon geschlagen, und die Übrigen haben uns nicht angegriffen. Das ist ein großer, unverhoffter Erfolg. Aber damit ist das letzte Wort noch nicht gesprochen. Wir müssen noch klettern, bis wir die Höhe des steilen Felsens erreichen, um das Werk zu krönen. Mein Rock und meine Pferde sind blessiert. Ich selbst bin bisher unverwundbar. Niemals haben wir größere Gefahren überstanden, niemals gewaltigere Anstrengungen gehabt. Aber was wird das Ende unserer Mühen sein? Ich komme immer wieder auf den schönen Vers von Lukrez zurück:

Glücklich, wer in dem Tempel der Weisen geborgen!«

Haben Sie Mitleid, lieber Marquis, mit einem armen Philosophen, der seiner Sphäre gar wunderlich entrückt ist, und behalten Sie mich stets lieb.

An Marquis d'Argens

Reußendorf, 18. September 1760

Bin ich einer sehr großen Gefahr entronnen und habe bei Liegnitz so viel Glück gehabt, als nach Lage der Dinge möglich war. In einem gewöhnlichen Kriege hieße das viel. In dem jetzigen sinkt die Schlacht zum Scharmützel herab, und meine Sache ist damit im Ganzen nicht vorwärtsgekommen. Ich will Ihnen keine Jeremiaden schreiben und Sie nicht mit allen meinen Befürchtungen und Besorgnissen ängstigen, versichere Ihnen aber, dass sie groß sind. Die gegenwärtige Krisis nimmt eine andere Gestalt an, aber entschieden ist nichts, und ein Ende nicht abzusehen. Ich brate bei gelindem Feuer; ich bin wie ein Körper, den man verstümmelt, und der jeden Tag ein paar Glieder verliert. Der Himmel sei mit uns – das können wir sehr brauchen!

Sie reden immer von meiner Person. Und doch müssten Sie wissen, dass ich nicht zu leben brauche, wohl aber, dass ich meine Pflicht tun und für mein Vaterland kämpfen muss, um es zu retten, wenn das noch möglich ist. Ich hatte viele kleine Erfolge und möchte mir beinahe den Wahlspruch zulegen: *Maximus in minimis et minimus in maximis.* Sie können sich gar nicht vorstellen, was für furchtbare Strapazen wir auszuhalten haben: Dieser Feldzug übersteigt alle früheren, und ich weiß manchmal nicht aus noch ein. Aber ich langweile Sie nur mit der Aufzählung meiner Sorgen und Kümmernisse. Mein Frohsinn und meine gute Laune sind begraben mit den geliebten und verehrten Menschen, an denen mein Herz hing. Mein Lebensende ist trüb und schmerzlich. Vergessen Sie Ihren alten Freund nicht, lieber Marquis.

An Marquis d'Argens

Kemberg, 28. Oktober 1760

Geben Sie meiner Denkweise welchen Namen Sie wollen, lieber Marquis. Ich sehe, wir begegnen uns in unseren Anschauungen nicht und gehen von ganz verschiedenen Voraussetzungen aus. Sie legen auf das Leben Wert als Sybarit; ich für mein Teil betrachte den Tod als Stoiker. Nie wird der Tag kommen, der mich zwingen soll, einen nachteiligen Frieden zu schließen. Kein Zureden, keine Beredsamkeit können mich dahin bringen, meine Schande zu unterzeichnen. Entweder lasse ich mich unter den Trümmern meines Vaterlandes begraben oder, wenn dieser Trost dem mich verfolgenden Schicksal noch zu süß erscheint, werde ich meinem Unglück ein Ziel setzen, wenn ich es nicht mehr zu ertragen vermag. Ich habe gehandelt und werde zu handeln fortfahren nach dieser inneren Stimme und dem Ehrgefühl, die alle meine Schritte leiten. Mein Verhalten wird jederzeit mit diesen Grundsätzen übereinstimmen. Meine Jugend habe ich meinem Vater und meine reiferen Jahre dem Staat geopfert; damit glaube ich das Recht erworben zu haben, über mein Alter frei zu bestimmen. Ich habe es Ihnen gesagt und wiederhole es: Nie wird meine Hand einen demütigenden Frieden unterzeichnen. Und so will ich diesen Feldzug beenden, entschlossen, alles zu wagen und die verzweifeltsten Dinge zu versuchen, um zu siegen oder ein Ende mit Ruhm zu finden.

Ein siegreicher, ermüdeter Gladiator (Friedrich)
empfängt den Zuspruch eines greisen Zuschauers (d'Argens)

Ich habe zwar Betrachtungen über die militärischen Talente Karls XII. angestellt, aber nicht untersucht, ob er den Tod hätte suchen sollen oder nicht. Nach der Einnahme von Stralsund hätte er, glaube ich, klug daran getan, sich aus der Welt zu schaffen; aber was er auch getan oder unterlassen hat, sein Beispiel ist für mich nicht maßgebend. Es gibt Menschen, die sich dem Schicksal fügen. Das widerstrebt meiner Natur, und wenn ich für die anderen gelebt habe, will ich wenigstens nach meinem Sinn sterben. Was die Welt darüber sagt, ist mir höchst gleichgültig. Ludwig XIV. war ein mächtiger König mit großen Hilfsquellen; er überstand alles Unglück. Ich für mein Teil habe nicht seine Kräfte, aber die Ehre liegt mir mehr am Herzen als ihm, und wie gesagt, ich richte mich nach niemandem. Wir rechnen, soviel ich weiß, fünftausend Jahre seit Erschaffung der Welt; ich glaube allerdings, die Welt ist viel älter. Brandenburg hat in der ganzen Zeit vor meiner Geburt bestanden; es wird auch nach meinem Tode weiter bestehen. Die Staaten erhalten sich durch die Fortpflanzung der Art, und solange die Menschen an ihrer Vermehrung Vergnügen finden, wird die große Masse durch Minister oder Fürsten beherrscht werden. Das kommt ungefähr auf das Gleiche heraus. Etwas mehr Torheit oder Weisheit – das sind so geringe Unterschiede, dass die Gesamtheit des Volkes es kaum verspürt. Kommen Sie mir also nicht, lieber Marquis, mit Redensarten, wie sie der Höfling gebraucht, und glauben Sie nicht, dass solche Vorurteile, wie Eigenliebe und Eitelkeit, mir imponieren oder mich im geringsten von meiner Meinung abbringen können. Einem unglücklichen Leben ein Ende zu machen, ist keine Schwäche, sondern vernünftige Politik, die uns zu Gemüte führt, dass der glücklichste Zustand für uns der ist, wo niemand uns schaden oder unsere Ruhe stören kann. Wie viel Gründe, das Leben zu verachten, hat man doch mit fünfzig Jahren! Mir bleibt nur noch die Aussicht auf ein Alter voller Krankheit und Schmerzen, voller Kummer, Reue, Schande und Beleidigungen. Wahrhaftig, wenn Sie sich recht in meine Lage versetzen, werden Sie mein Vorhaben weniger verurteilen als jetzt! Ich habe alle meine Freunde und meine teuersten Angehörigen verloren; ich bin so unglücklich, wie es ein Mensch nur sein kann, und habe nichts mehr zu hoffen; ich sehe, wie ich zum Gespött meiner Feinde werde, wie sie sich in ihrem Dünkel anschicken, mich mit Füßen zu treten. Ja, lieber Marquis,

Verlor man alles, lischt der Hoffnung Licht,
So ist das Leben Schmach und Tod ist Pflicht!

An die Gräfin Camas

Aus meinem Schilderhaus in Meißen, 22. März 1761

Ich habe Ihnen noch vielmals für das gute Wasser aus Lichtenwalde, für den Champagner und vor allem für Ihren freundlichen Brief zu danken. Gern würde ich Ihnen von hier Wasser aus dem Jungbrunnen schicken, aber das gibt es leider nicht, und so bitte ich Sie, statt dessen Ungarwein anzunehmen, so gut wie ihn meine kleine Feldausrüstung liefert.

Ich befinde mich hier im sächsischen Peking, in der Porzellanstadt. Sollten wir ebenso zerbrechlich werden wie die schönen Sächelchen, die man hier herstellt, dann werden unsere Feinde keine große Mühe haben, uns nach ihrem Lieblingsausdruck zu zerschmettern. Aber ich hoffe, wir haben mehr vom Eisen als vom Porzellan, und Sie werden mir zugeben, gnädige Frau, dass in den jetzigen Zeiten die Männer vom Phasis-Strand den Vorzug vor den Sybariten verdienen. Wenn möglich, müsste man sich Knochen aus Stahl und Fleisch aus Quadersteinen anschaffen. Das Fleisch wäre nicht gerade zart, aber das könnte man ja, sobald es Frieden gibt, wieder aufweichen.

Ich schäme mich über all das dumme Zeug, das ich Ihnen schreibe. Es sieht etwas dem alten Schwätzer ähnlich und muss Sie langweilen. Aber ich befinde mich fast in der gleichen Lage wie der alte Marschall Schulenburg, der, blind und taub, sich von seinen Gondolieren auf alle Gesellschaften in Venedig bringen ließ. Einer seiner Diener, der mit ihm auf vertrauterem Fuße stand, sagte ihm wohl hin und wieder: »Aber, gnädiger Herr, wollen wir nicht heimkehren? Wir langweilen die Leute hier.« – »Was tut das?« erwiderte der alte Marschall. »Mir macht es Spaß.« Verzeihen Sie mir also, gnädige Frau, all mein Geschwätz und halten Sie es meiner Hochachtung und Anhänglichkeit zugute, die ich Ihnen allzeit bewahren werde.

Heimkehr der Russen aus dem Felde

An Marquis d'Argens

Bögendorf, 21. Juli 1762

Unsere Sache, lieber Marquis, nahm schon einen recht günstigen Verlauf – da wird plötzlich alles gestört durch eines jener politischen Ereignisse, die sich weder vorhersehen noch verhindern lassen; Sie werden noch genug davon Hören. Der Friede, den ich mit Nutzland geschlossen, bleibt in Kraft, aber das Bündnis ist zu Wasser geworden. Alle Truppen marschieren nach Nutzland zurück, und so stehe ich ganz allein. Trotzdem haben wir noch zwei österreichische Detachements geschlagen. Man muss abwarten, ob das zu etwas Solidem führt: Ich zweifle daran und sehe mich daher von Neuem in einer peinlichen, schwierigen und heiklen Lage. Ich bin der Brummkreisel des Schicksals; es hält mich zum Besten. Wir haben heute 1000 Gefangene gemacht und

14 Geschütze erobert; das führt aber zu keiner Entscheidung, und alles, was dazu nicht hilft, vermehrt nur meine Verlegenheit. Vermutlich geht in Berlin und anderswo manches drüber und drunter. Aber was soll ich Ihnen sagen? Das Schicksal, das alles regiert, ist stärker als ich; ich muss ihm gehorchen. Ich habe Kummer im Herzen und bin in der größten Verlegenheit – aber was tun? Geduld fassen. Wenn ich Ihnen heute einen törichten Brief schreibe, machen Sie die Politik verantwortlich. Ich bin ihrer so müde! Könnte ich diesen unglückseligen Krieg einmal beenden, ich glaube, ich sagte der Welt Valet. Leben Sie wohl, mein Lieber, ich umarme Sie!

An Prinz Heinrich

Leipzig, 2. Februar 1763

Unrecht wäre es, lieber Bruder, wenn ich nicht Dir zuerst die frohe Botschaft mitteilte, dass der Friede geschlossen ist. Wir sind in allem einig. Nächste Woche soll der Vertrag unterzeichnet werden, und so wird denn dieser grausame Krieg enden, der so viel Blut, Sorgen und Verluste gekostet hat. Du weißt zu gut, wie ich denke, um anzunehmen, dass ich meine Schande oder etwas für die Nachwelt Schädliches unterzeichnet hätte. Ich glaube, wir haben den besten Frieden geschlossen, der bei unserer Lage möglich war.

An den Lord Marschall von Schottland

Potsdam, 24. April 1763

Bei meiner Ankunft hierselbst, lieber Mylord, fand ich Arbeit für sechs Monate vor, und zwar harte, mühselige und unerquickliche Arbeit. Trotzdem muss sie bewältigt werden. Sie machen mir Aussicht auf ein Wiedersehen; das wäre mir eine große Freude. Wohl finde ich hier alle Mauern meiner Heimat wieder, aber keinen der alten Bekannten; Sie werden hier also meinen Trost bilden. Ich begreife, dass die Schwalben Ihr Nahen verkünden und dass die Sonne, wenn sie kräftiger scheint als jetzt, Sie begleiten wird. Leben Sie wohl, lieber Mylord. Staatsgeschäfte unterbrechen mich, und ich habe alle Augenblicke etwas anderes zu tun. Seien Sie versichert, dass niemand Sie mehr liebt und schätzt als ich.

An d'Alembert

Sanssouci, August 1763

Es tut mir leid, den Augenblick Ihrer Abreise nahen zu sehen! Nie werde ich das Glück vergessen, einen wahren Philosophen gesehen zu haben. Ich war glücklicher als Diogenes; denn ich fand den Mann, den er so lange gesucht hat. Aber er reist ab, er geht fort! Trotzdem werde ich den Platz des Akademiepräsidenten offenhalten, da er nur von ihm ausgefüllt werden kann. Eine gewisse Vorahnung sagt mir, dass es so kommen wird, aber ich will Geduld haben, bis seine Stunde geschlagen hat. Manchmal bin ich versucht, den Himmel zu bitten, dass die Verfolgung der Auserwählten in gewissen Ländern zunähme. Ich weiß, diese Bitte streift ans Verbrecherische; denn damit wünscht man ja die Wiederkehr der Unduldsamkeit, der Bedrückung und alles dessen, was die Menschheit verdummen würde. So weit ist es mit mir gekommen – es liegt in Ihrer Macht, solchen sündigen Wünschen, die mein Zartgefühl verletzen, ein Ende zu machen. Ich dränge Sie nicht und werde Sie nicht belästigen, sondern still den Augenblick abwarten, wo der Undank Sie zwingen wird, Ihre Heimat mit einem Lande zu vertauschen, dessen Bürger Sie bereits für alle denkenden Menschen sind, die Kenntnisse genug besitzen, um Ihr Verdienst zu schätzen.

Alexander der Große und der genügsame Diogenes in seiner Tonne. d'Alembert schlug alle Anerbietungen Friedrichs aus, der ihn an Berlin fesseln wollte

An den Lord Marschall von Schottland

Berlin, 7. April 1764

Gestern, lieber Mylord, empfing ich Ihren Brief bei der Rückkehr aus Schlesien, wohin ich gereist war, um die Wunden zu heilen, die der Krieg der Provinz geschlagen hatte. Ich bin entzückt von der Aussicht, Sie wiederzusehen. Stets habe ich gehofft, dass dieser Trost mir noch bliebe.

Die »Denkwürdigkeiten«, von denen Sie sprechen, sind vollendet; mehr und mehr habe ich mich davon überzeugt, dass Geschichteschreiben so viel heißt, wie die Torheiten der Menschen und die Spiele des Zufalls aneinanderzureihen. Alles läuft auf diese zwei Dinge hinaus, und so geht es in der Welt schon von Ewigkeit her. Wir sind ein elendes Geschlecht, das sich abhetzt in der kurzen Spanne Zeit, wo es auf dem kleinen Staubkorn, Erde genannt, vegetiert. Wer seine Tage in Ruhe und Frieden verbringt, bis seine Maschine stillsteht, ist vielleicht vernünftiger als alle, die auf so viel gewundenen, dornigen Umwegen ins Grab steigen. Doch ich bin nun einmal gezwungen, mich wie ein vom Wasser getriebenes Mühlrad zu drehen; denn der Mensch wird von seinem Schicksal fortgerissen und ist nicht Herr seines Tuns und Lassens.

Die schöne Jahreszeit naht; ich rette mich in meinen Garten, um die Fortschritte des Frühlings nach Herzenslust zu betrachten, das Sprießen und Blühen zu sehen und, wie Fontenelle sagt, die Natur in *flagranti* zu ertappen.

Leben Sie wohl, lieber Mylord! Lassen Sie es sich stets gut gehen! Vergessen Sie die Abwesenden nicht und seien Sie überzeugt, dass ich Ihr bester und treuster Freund bin.

An d'Alembert

(August 1764)

Allerdings habe ich Aufzeichnungen verfasst; aber sie werden in der Fülle des Geschehens untergehen und bald vergessen sein. Was bedeutet ein solcher kleiner Fieberanfall, wie ich ihn schildere, der Europa ein paar Jahre hindurch heimsuchte, gegenüber den schweren Krankheiten, die es von Jahrhundert zu Jahrhundert durchgemacht hat, und die es mehr als einmal fast völlig umgewälzt haben? Ihre Werte, lieber d'Alembert, werden noch dauern, wenn von der epidemischen Wut, die die europäischen Großmächte ergriffen hat, und deren Opfer wir beinahe geworden wären, längst nicht mehr die Rede ist. Noch sind diese Tatsachen frisch; sie werden uns so lange beschäftigen, bis die zerstörten Häuser aufgebaut und die Schäden der Feuersbrünste wieder geheilt sind. Danach aber wird das, was dann gerade geschieht und besonders in die Augen fällt, die ganze Aufmerksamkeit der Menschen fesseln und die Vergangenheit vergessen lassen; wer dagegen die Welt aufzuklären und zu belehren vermag, wird zum Lehrer der künftigen Geschlechter und unterrichtet sie weiter von einem Jahrhundert zum anderen. Das ist der Unterschied zwischen unseren Leistungen! Die meinen werden nur eine Weile dauern; die Ihren dagegen verdienen wie die Wunder Ägyptens den Wahlspruch der französischen Akademie: »Für die Ewigkeit.« Ihre Werke haben Anrecht darauf; Sie aber bitte ich, so spät wie möglich in die Ewigkeit einzugehen. Sie sind es wert, sich Ihres Rufes noch lange zu erfreuen. Kein Mensch nimmt mehr Anteil an Ihrem Leben als ich. Gern würde ich zu Ihrer Erhaltung beitragen, stände es in meiner Macht; denn wer bliebe uns, wenn Europa Sie verlöre? Niemand!

*George Keith, Marschall von Schottland, preuß. Gouverneur von Neuchâtel
Bleistiftzeichnung von Menzel*

An die Gräfin Camas

Potsdam, November 1765

Vielen Dank, gutes Mütterchen, für Ihre Teilnahme an unserer Trauer. Es ist ein Verlust für alle ehrenhaften Menschen; denn meine Schwester war eine wirklich tugendhafte Frau. Seit lange weiß ich, dass die Menschen sterblich sind. Ich sah, wie ihre Kräfte schwanden, aber das hindert nicht, gutes Mütterchen, dass ich den Heimgang einer Schwester schmerzlich empfinde, die mir der Tod gewissermaßen aus den Armen gerissen hat. Blutsbande, zärtliche Freundschaft, wahrhafte Hochschätzung – das alles fordert sein Recht, und ich muss erfahren, gutes Mütterchen, dass mein Gefühl stärker ist als meine Vernunft. Meine Tränen, meine Trauer sind vergebens, und doch kann ich sie nicht unterdrücken. Unsere Familie kommt mir vor wie ein Wald, in dem ein Sturm die schönsten Bäume umgeworfen hat, wo man von Zeit zu Zeit eine entwipfelte Fichte erblickt, die nur noch an ihren Wurzeln zu hängen scheint, um dem Sturz ihrer Gefährten zuzuschauen und all die Sturmschäden und Verwüstungen des Unwetters zu sehen. Ich wünsche, gutes Mütterchen, dass der Hauch des Todes Sie verschont, und dass Sie noch lange leben mögen, damit ich Ihnen die Versicherung meiner alten, treuen Freundschaft recht oft wiederholen kann.

An die Kurfürstin Maria Antonia von Sachsen

Potsdam, 8. März 1766

Zweifellos kann keine Gesellschaft ohne Gerechtigkeit bestehen. Tu keinem etwas an, wovon Du nicht willst, dass es Dir geschehe – in diesem Grundsatz liegt alle Tugend, liegen alle Pflichten der Menschen gegen die Gesellschaft, in die er gesetzt ist. Daher leitet sich auch das an den deutschen Universitäten so berühmte öffentliche Recht ab, das aber vom kanonischen Recht fast stets erdrückt wird. So befindet sich die Vernunft mit der Leidenschaft der Menschen stets in Widerstreit, und was die eine aufrichtet, reißt die andere nieder. Ich glaube, man muss die an der Spitze der Regierungen Stehenden erst anhören, bevor man sie verdammt. Ich betrachte sie nicht als Despoten; sind sie es, so ist das ein Missbrauch ihrer Macht. Die Absicht, um derentwillen man sie eingesetzt hat, macht sie zu den ersten Dienern ihrer Völker. Ihre Hauptpflicht besteht darin, für den Vorteil ihrer Völker nach besten Kräften zu sorgen, d. h. für die Sicherheit des Besitzes, die das erste Recht aller Bürger ist, ferner sie gegen Unternehmungen der Nachbarn zu schützen, die ihnen schaden wollen, und schließlich, sie vor Übergriffen und Gewalttaten ihrer Feinde zu schirmen. Betrauen Sie nun den sanftmütigsten und selbstlosesten Menschen mit diesem Amte, so werden Sie zugeben müssen, dass er, will er seine Pflichten erfüllen, anders handeln muss als nach seiner natürlichen Neigung. Er ist gewissermaßen ein Vormund, der mit seinem eigenen Gut freigebig ist, aber mit dem seines Mündels geizt. Das ist mein Begriff vom Herrscheramt, und demgemäß handle ich in meinem kleinen Wirkungskreise. Ja, ich achte und ehre Sie und würde Ihnen alles zum Opfer bringen, was mir selber gehört, aber nichts von dieser Vormundschaft, die mir übertragen ist. Mein Gewissen würde mir bittere Vorwürfe machen, wollte ich gegen diese Pflicht verstoßen.

An d'Alembert

Potsdam, 5. Mai 1767

Sie drängen mich, Ihnen meine Ansicht über Ihre Zusätze zu Ihren »literarischen Versuchen« mitzuteilen. Ich wage Ihnen gar nicht zu sagen, dass ich in den Gedanken eines großen Mathematikers über die Musik hie und da sophistische Spitzfindigkeiten gefunden habe. Aber ich glaube, dass gelegentlich Worte im falschen Sinne gebraucht sind, und da ich sie vielleicht anders definiere, vermag ich die Meinung des großen Mannes nicht zu teilen. Die Musik kann nur Gemütsbewegungen ausdrücken; folglich gehört alles, was in den Bereich der anderen Sinne fällt, nicht zur Akustik. Trotzdem verlangt er vom Komponisten, er solle den Sonnenaufgang zum Ausdruck bringen. Meint er damit nicht, er solle die holde und sanfte Freude ausdrücken, die der Sonnenaufgang in uns erweckt? Wohl möglich. Aber von den tiefsten Saiten des Instruments zu den höchsten hinaufgehen und mathematisch wieder heruntersteigen – das wird nie die geringste Analogie zwischen dem Anblick eines schönen Morgens und den musikalischen Klängen herbeiführen. Halten wir uns in der Musik also an den Ausdruck der Gemütsbewegungen und hüten wir uns, das Quaken der Frösche, das Krächzen der Raben und hundert andere Dinge nachzuahmen, deren Darstellung in der Musik ebenso verkehrt ist wie in der Poesie. Wie alle Dinge auf Erden haben auch die Künste, die zu unserer Freude dienen, feste Schranken. Lassen wir sie über ihre Sphäre Hinausgreifen, so entstellen wir sie, statt sie zu vervollkommnen. Ich bin nur ein *dilettante* und maße mir keine Entscheidung über Dinge an, von denen ich nur oberflächlich reden kann. Aber Sie wollten meine Meinung hören: Hier ist sie.

An die Prinzessin Wilhelmine von Oranien

Potsdam, 25. Januar 1768

Vielen Dank, liebes Kind, für die Artigkeiten, die Du Deinem alten Onkel sagst. Er verdient sie nicht. Er ist ein alter hinfälliger Schwätzer, den man auf dem kürzesten Wege ins Jenseits schicken müsste, wo er weiter sein dummes Zeug reden kann. Aber Du denkst nicht so. Bei Deinem warmen Herzen nimmst Du Anteil an dem alten Gerippe, weil es ein Verwandter ist und Du in Deiner angeborenen Güte jedermann Gutes wünschst. Solange ich lebe, werde ich Dich lieben und Dir zärtlich zugetan sein. Darauf, liebe Nichte, kannst Du bauen.

An General Fouqué

Berlin, 22. Dezember 1768

Anbei, lieber Freund, ein kleines Andenken von mir. Es ist Brauch, dass man sich in der Familie Weihnachtsgeschenke macht, und ich betrachte Sie wie einen Angehörigen: sowohl als Ehrenmann und wackeren Ritter ohne Furcht und Tadel wie als alten Freund. Sorgen Sie nur recht für Ihre Gesundheit, damit ich meinen guten alten Freund so lange wie möglich behalte.

Die Darstellung der beiden greisen Krieger in traulichem Zwiegespräch charakterisiert das innige Verhältnis zwischen Friedrich und Fouqué

An General Fouqué

Am 6. Mai 1770, dem Tage der Schlacht bei Prag

Ich schicke Ihnen alten Ungarwein, lieber Freund, damit Sie sich daran delektieren – am selben Tage, wo Sie vor dreizehn Jahren von unseren Feinden so schwer verwundet wurden.

Ich hatte die Gicht; sie hat mich diesmal furchtbar geplagt; ich hatte drei Anfälle hintereinander an beiden Beinen sowie am Knie; aber jetzt denke ich nicht mehr daran. Wir exerzieren wunderbar, und ich gehe meinen Weg, solange noch ein Hauch von Leben in mir ist.

Möchte es Ihnen so gut gehen, wie ich es wünsche, und möchten Sie überzeugt sein, mit welcher Liebe und unendlichen Hochschätzung ich an Ihnen hänge. Leben Sie wohl.

An die Königin Ulrike von Schweden

Potsdam, 15. April 1772

Ich wünschte, liebe Schwester, dass unser Klima während Deines Besuches sich aufraffte und herrliche Früchte zeitigte, wie Andalusien oder das Königreich Neapel. Die ich Dir anbieten kann, haben nicht das Aroma, aber da es nun einmal so ist, bist Du so liebenswürdig und gibst Dich mit dem zufrieden, was ich Dir anzubieten mir erlaube.

Auf Deiner Pilgerfahrt nach Wusterhausen hat Dich also, liebe Schwester, der alte Baron, unsere wandelnde Chronik, begleitet. Ich kann mir denken, was er Dir gesagt hat: »Hier war es, wo Frau von Kameke immer so viel aß, bis sie sich den Magen verdorben hatte; hier gab Astralicus seine Mordsgeschichten zum Besten. Da pflegte der verstorbene König zu sitzen und zu rauchen, und an jener Stelle unterhielt ich die Gesellschaft mit meinen Reiseerinnerungen. Dort nach der Küche zu saß Holwedel und wurden die Köche, bevor der Tisch gedeckt wurde, regelmäßig mit Stockschlägen traktiert. In diesem Saal feierte man den Hubertustag; bis alles berauscht war; auf den Tischen standen Henkelkrüge und Würstchen. Dort waren die Hoboisten aufgestellt, die aus den alten Opern spielten, die Buononcini im Auftrag der Königin Sophie Charlotte in Charlottenburg komponiert hatte. Hier bekamen die Hunde ihr Jagdrecht. Hier wohnten Grumbkow und Seckendorff, und endlich an dieser Stelle kriegten sich der Fürst von Anhalt und Grumbkow beinahe in die Haare.«

Gut 16 Jahre sind es her, dass ich nicht mehr den Fuß in dies verzauberte Schloss gesetzt habe, und doch ist meine Erinnerung an alles noch recht frisch. Ich für meine Person kann mich noch recht gut auf eine Reihe von für mich recht unerquicklichen Auftritten besinnen. Das alles kommt uns jetzt nur noch wie ein Traum vor.

An den Thronfolger Friedrich Wilhelm

Potsdam, 28. September 1772

Mit großer Befriedigung ersehe ich aus Deinem Schreiben vom 27., wie aufrichtig Du an der Genugtuung teilnimmst, die ich über die soeben erfolgte bedeutende Vergrößerung meiner Staaten empfinde. Diese macht mir um so mehr Freude, als Du seinerzeit die Früchte davon ernten wirst. Hab' also verbindlichen Dank, lieber Neffe, und sei gleichzeitig überzeugt von den Gefühlen wahrer Hochschätzung und Zuneigung, mit denen ich bin usw.

Friderich

Für Dich arbeite ich, aber Du musst darauf sehen, dass Du bewahrst, was ich schaffe. Bist Du träge und indolent, wirst Du zwischen Deinen Händen zerrinnen sehen, was ich mit so viel Mühe zusammengebracht habe.

An die Prinzessin Wilhelmine von Oranien

Potsdam, 25. Oktober 1774

Ich kann mir wohl denken, dass die englischen Schauspieler Dir nicht gefallen haben. Die erste Bedingung zum Genuss ist, dass man versteht, was gesprochen wird, und die zweite, dass man etwas Gutes hört. Ich kenne das englische Theater nur aus den Übersetzungen, die ich gelesen habe; die meisten englischen Stücke haben auf mich einen schauderhaften Eindruck gemacht. Man findet da weder Beachtung der Regeln, noch Geschmack, noch Kunst, hie und da zwar wuchtige Partien, die aber für die mitfolgenden Dummheiten nicht entschädigen können. Man muss ein Engländer, bezecht und spleenig sein, um Gefallen daran zu finden. Offen gestanden, ziehe ich das französische Theater allen anderen vor; denn es beobachtet alle Regeln, und keine Sprache hat Verse, die die von Racine und Voltaire übertreffen.

An die Kurfürstin Maria Antonia von Sachsen

Potsdam, 15. März 1775

All die Wechselfälle dieser Welt halte ich aus dem Grunde für nötig, weil nichts ist, was nicht sein soll. Auch über die Ursachen der Kriege braucht man sich nicht den Kopf zu zermartern. Sie erklären sich aus den menschlichen Leidenschaften, zumal wenn diese Leidenschaften heftig und die Mittel zu ihrer Befriedigung vorhanden sind. Gäbe es keine Gesetze, so würden sich die Bürger untereinander ebenso zerfleischen, wie es jetzt die Häupter der Völker tun, die keinen Richter über sich haben. Die Weltgeschichte ist nichts als eine Kette von Kriegen, die von unseren Tagen zurückreicht, soweit als der Mensch zurückdenken kann. Aber die Leidenschaften, die Erreger der Kriege, sind nur in der Jugend heftig. Ich bin längst über diese schönen Jahre hinaus; alles mahnt mich an das Nahen des Greisentums. Meine Haare bleichen, meine Tatkraft versiegt und meine Kräfte erlöschen. Ich gebe diese glänzende und gefahrvolle Bahn anderen Wettkämpfern frei, die frischer sind und die der trügerische Glanz des Ruhmes mehr als mich berauscht.

An Prinz Heinrich

Potsdam, 28. Dezember 1775

Du erkundigst Dich, lieber Bruder, nach meiner Gesundheit. Ich gehorche Deinem Wunsche und sage Dir, dass es sonst ganz gut geht. Nur fühle ich mich überaus schwach; die Kräfte wollen noch immer nicht wiederkommen. Ich fange an, etwas zu gehen, aber die Beine wollen mich anscheinend nicht tragen, und ich habe in den Händen keine Kraft. Das Rückgrat will sich nicht aufrichten. Ich bin mehr schwach als krank; aber das wird alles wieder werden. Ein Greis gebraucht eben mehr Zeit als ein junger Mensch, um wieder zu Kräften zu kommen. In meinen Jahren geht alles langsam.

Ich verbringe hier, lieber Bruder, den Karneval bei meinen Büchern. Gestern war ich mit Woolston auf der Redoute, heute gehe ich mit den »Akademischen Fragen« in die Oper, und morgen in die Komödie mit Voltaires »Briefen über die Wunder«. Daraufgehe ich mit Machiavelli zur Tafel bei Hofe und in eine Damengesellschaft mit Gressets »*Vert-Vert*«. Eine solche Feier des Karnevals stimmt mehr zu meinen Jahren und meiner Denkart als jede andere, und schließlich läuft es auf dasselbe hinaus, wenn man sich nur unterhält. Möchtest auch Du, so wünsche ich Dir, lieber Bruder, die Zeit in Berlin angenehm verbringen.

Das Wappenbild Preußens und Österreichs ist in dem einköpfigen Adler (Friedrich) und in dem zweiköpfigen (Maria Theresia und Joseph II.) wiedergegeben. Auf getrennten Felskuppen stehend, versinnbildlichen sie den durch den Kampf beider Mächte um die Vorherrschaft begründeten Dualismus im Deutschen Reiche

An die Prinzessin Wilhelmine von Oranien

Potsdam, 28. April 1776

Ich zweifle, liebe Nichte, an dem Vergnügen, das Du in Spa und noch weniger in Aachen finden wirst. Wahrscheinlich wirst Du hier bei Frau Bouget wohnen, einige schwachköpfige Originale aus dem Kölner Ländchen, einige Franzosen und Französinnen, die mit Generalpächtern verwandt oder verschwägert sind, und einige spleenige Engländer sehen, vielleicht auch einige Reisende, die unter dem Vorwande ihrer Gesundheit sich einige Tage zum Vergnügen oder um des Spieles willen in den Bädern aufhalten werden. Auch ich habe 1742 vier Wochen dort zugebracht. Ich habe gebadet, aber sonst eine gräuliche Gesellschaft vorgefunden. Das sehenswerteste ist in Aachen noch die Prozession, in der man alle Jahre Kaiser Karl den Großen in einem alten Kamisol aus gelbem Taft durch die Straßen führt. Zwei Leute tragen ihn. Unterwegs macht man sie trunken, und so kehrt Kaiser Karl der Große schwankend in seine Nische zurück, nachdem er oftmals in Gefahr gewesen, mitten in den Straßenschmutz zu fallen. Viele Grüße an unseren lieben Prinzen.

An die Königin Ulrike von Schweden

Potsdam, 5. Oktober 1776

Was mich von allen Nachrichten aus Stockholm am meisten interessiert, ist Deine Gesundheit, liebe Schwester. Man schreibt mir, das Fieber habe Dich endlich ganz verlassen, und ich wünsche, dass es nie wiederkehrt.

Die Ritterschauspiele eines Amadis und Roland, die man aus ihrem Schlummer erweckt hat, können uns einen Augenblick unterhalten, indem sie das Kostüm und die Torheiten des 14. und 15. Jahrhunderts zur Anschauung bringen. Aber diese modernen Ritterkämpfe werden kaum mit solcher Erbitterung ausgefochten sein, wie jene alten, die manch tapferem Kämpen das Leben kosteten und den Tod Heinrichs II. verursachten. In Braunschweig habe ich dergleichen in burlesker Form darstellen sehen. Es war lustig genug. Die Ritter waren Stallknechte, im Narrenkleid, mit vorn und hinten zerbeultem Panzer; statt Lanzen trugen sie Holzstangen mit einer Platte an der Spitze. Sie hoben sich damit leicht aus dem Sattel und konnten sich im Fall nicht wehe tun, da sie überall ausgestopft waren. Dies schöne Schauspiel fand auf meiner Hochzeit statt.

An Prinz Heinrich

Potsdam, 25. Januar 1777

Zu gütig, lieber Bruder, ist Deine Teilnahme an meinem alten Geburtstag, dessen einziges Verdienst darin besteht, dass er Dir einen treuen Freund beschert hat. Aber nur schwer wirst Du die Neuigkeit glauben – und sie ist eine –, dass ich nach 65 Jahren gestern einen Glückwunsch von ganz neuer Art erhalten habe. Er stammt von Seiner Exzellenz dem Oberstallmeister. Er wünschte mir, ich möchte weder Druse noch Spat noch Rotz bekommen. Wie Du siehst, weiß sein fruchtbarer Geist alten und verbrauchten Wendungen eine ganz neue Form zu geben.

Weiß der Himmel, was für Gerüchte in der Welt umlaufen! Dabei ist in den Provinzen einzig und allein von einer neuen Eintragung der Pferde in die Listen und der Erneuerung der Lieferungsverträge mit den Händlern die Rede gewesen. Ich glaube, auf das erste Gerücht davon hat sich bei unseren Feinden ihr schlechtes Gewissen gemeldet. Sie wissen, was sie vergangenes Jahr im Schilde führten, und auch, dass ich davon unterrichtet war. Dennoch sollten sie vernünftiger urteilen und begreifen, dass ich sie ohne Vorwand und ohne vorherigen Abschluss einer Offensivallianz nicht angreifen werde. Ja, ganz anders lägen die Dinge, gingen jetzt etwa der Kurfürst von Bayern oder der Markgraf von Ansbach mit dem Tode ab. Selbst wenn ich ihnen nun vorhielte: »Vergangenes Jahr habt Ihr mich angreifen wollen«, – würden sie da nicht antworten: »Haben wir's getan? Kein einziges Regiment ist marschiert; der schlechteste Vorwand genügt Dir, um uns den Krieg zu erklären.« Und was könnte ich ihnen darauf erwidern? Nichts! Wenn also diese Leute nicht endlich zu besserer Einsicht kommen, so sind sie entweder vernagelt oder sie halten mich für einen Brausekopf. Doch was ficht das mich an, wenn ich nur mit Mithridates sagen kann:

Mein letzter Blick sah Ostreich auf der Flucht.

An die Kurfürstin Maria Antonia von Sachsen

Potsdam, 22. Oktober 1777

Ew. Königliche Hoheit tun mir zu viel Ehre an! Großmütig wie Sie sind, wollen Sie meinem Namen unendliche Dauer geben. Gestatten Sie mir, Ihnen schlicht und einfach zu sagen, wie ich darüber denke. Wenn manche Menschen sich mehr als andere rühren, so redet die Welt von ihnen, eben weil sie keinen Frieden halten. Sterben sie, so spricht man schon weniger von ihnen. Andere unruhige Geister tauchen auf, erfüllen die Köpfe mit neuen Geschichten und lenken die ganze Aufmerksamkeit der Öffentlichkeit auf sich. Ihnen folgen wieder andere; kurz, die Fülle der Ereignisse, der Strom der Zeit, der unablässig neue Bilder vor unseren Augen vorübergleiten lässt, löscht die alten aus, und so fließen nach einer bestimmten Folge von Jahrhunderten Namen und Geschehnisse ineinander und ersticken sich sozusagen gegenseitig. Unsere Kenntnis des von uns bewohnten Erdballs reicht kaum fünftausend Jahre hinauf, und doch steht es fest, dass die Welt von Ewigkeit her bestanden haben muss. Wir wissen also fast nichts von dem, was sich während dieser unendlichen Dauer zugetragen hat. Fügen wir nun zu unserem Jahrhundert noch vierzig hinzu, so wird die ungeheure Fülle der Tatsachen der Nachwelt jede Geschichtskenntnis unmöglich machen. Sie wird sich auf die Kenntnis der neuesten Ereignisse beschränken, die sie unmittelbar angehen, und der Rest wird aus ihrem Gedächtnis verschwinden, gar nicht zu reden von den physikalischen und moralischen Umwälzungen, die noch eintreten können, den Überschwemmungen oder Erdbeben, die weite Länderstriche verheeren, den Kriegen, die ganze Völker in die Barbarei zurückwerfen, wie es mit Griechenland geschehen ist, dessen Bürger nicht mehr wissen, dass jemals ein Lykurg, Solon, Epaminondas, Perikles, Demosthenes und Homer in den unglücklichen Gefilden lebte, wo sie als Sklaven der Türken hausen. Das sind Umwälzungen, die auf unserem Erdball stattgefunden haben und noch weiter stattfinden müssen. Aber ich wage Ew. Königliche Hoheit kühnlich zu versichern, dass wir vor jeder völligen Vernichtung geborgen sind. Das Werk des höchsten Wesens ist über Schicksalsschläge erhaben. Dies Wesen ist weise und sein Wille ewig; es wird also nicht aus Laune zerstören, was es einzurichten und zu vervollkommnen für gut befand.

An Prinz Heinrich

Potsdam, 5. März 1778

Glaube nicht, lieber Bruder, dass ich mich schon am Ziele meiner Arbeit wähne. Deutlich sehe ich alle Schwierigkeiten, die sich mir auf meiner Bahn entgegenstellen, und andere Zufälle, die bei den heutigen kritischen Umständen eintreten können. Darum muss ich so langsam vorgehen und darf nicht eher den Fuß niedersetzen, als bis ich den Boden genau geprüft habe. Ich weiß nur zu gut, welch jämmerliche Kreaturen die armen deutschen Fürsten sind, und so liegt mir die Absicht fern, ihren Don Quichote zu spielen. Wollte ich aber dulden, dass Österreich sich despotische Macht in Deutschland anmaßt, so hieße das, ihm Waffen gegen uns selbst liefern und es noch furchtbarer werden lassen, als es ohnehin schon ist. Kein Mensch, der sich auf dem Posten befindet, wo ich stehe, kann das zulassen. Das Gleichgewicht der beiderseitigen Kräfte ist der zweite Grund, der mich zur Einmischung zwingt; denn ich kann nicht die Hand dazu bieten, dass Österreich eine solche Überlegenheit erlangt, dass jeder Widerstand mit der Zeit aussichtslos wird. Du begreifst, lieber Bruder, diese Gründe sind so mächtig und gewichtig, dass man sich ihnen unterwerfen muss.

An de Catt
Burkersdorf, August 1778

Dank für die kleinen Züge, die Sie mir von dem verstorbenen Patriarchen berichten. Lieber wäre es mir freilich, Sie gäben mir Kunde von seinem Leben als von seinem Tode. Bei der Unruhe hier im Felde und der Schwere meines Amtes komme ich jetzt nicht dazu, seine Gedächtnisrede zu verfassen. Ich schiebe diese Arbeit für die Winterquartiere auf, fürchte aber, der Redner wird seinem Gegenstand nicht gewachsen sein. Schade, dass die Bibliothek des großen Mannes für Europa so gut wie verloren ist. Unser Zeitalter entartet; es hat keine Liebe mehr für die schönen Künste und Wissenschaften. Gehen diese Künste zugrunde, wie ich voraussehe, so ist das wohl nur dem mangelnden Interesse an ihnen zuzuschreiben. Ich für mein Teil werde sie bis zum letzten Atemzug lieben. Sind meine angeborenen Gaben auch nur gering, so finde ich doch allein bei den Musen Trost und Erleichterung von der Bürde des Lebens. Ich versichere Ihnen, wäre ich Herr meines Schicksals gewesen, weder der Glanz des Thrones, noch der Stolz, Heeren zu gebieten, noch der Geschmack an seichten Zerstreuungen hätten ihnen den Rang abgelaufen. Die wenigen Augenblicke der Muße, die ich erübrigen kann, widme ich der Literatur. So ist Voltaires Verlust für mich um so empfindlicher, als der Thron des Parnasses, den er eingenommen hat, lange leer bleiben wird und ich ihn nie mehr besetzt sehen werde.

An die Großfürstin
Maria Feodorowna von Russland
Im Lager von Schatzlar, 1. Oktober 1778

Wollte ich Ew. Kaiserl. Hoheit von unserem Feldzug in Böhmen erzählen, so müsste ich Ihren Geist mit barbarischen Namen wie Gitschin, Schwarzthal, Lauterwasser,

Prausnitz usw. beschweren. Ich verschone Sie, liebe Nichte, mit den Namen der Freischarenführer, wie Wurmser, Otto, Semihay, Querestony und anderen ebenso wohllautenden, mit denen wir unsere Ohren gequält haben. Unser Vergnügen besteht darin, alle 100 Schritt dem Bild eines böhmischen Heiligen zu begegnen, wie Sankt Nepomuk, Wenzeslaus, die Heilige Ludomilla, die weder Sie noch ich kennen. Da wir aber in Böhmen Krieg führen, so schneiden uns alle diese Heiligen böse Gesichter, und wir stellen ihnen unsere schlesischen Heiligen entgegen, an ihrer Spitze meine Urahne, die heilige Hedwig. Sucht die Kaiserin-Königin den Himmel durch Weihegaben zu bestechen, die sie der Heiligen Jungfrau von Kloster Zell darbringt, so setze ich Bestechung gegen Bestechung und gewinne für mich durch reiche Spenden die wundertätige Maria von Martha.

Sie sehen, liebe Nichte, über unserer Betätigung hienieden vernachlässigen wir den Himmel nicht. Doch eine andere Heilige gibt es in Petersburg, auf die ich größeres Vertrauen setze als auf alle die Himmlischen, die unbestechlich ist und nur dem Gebot der Weisheit folgt. Sie kennen diese Heilige und genießen, glücklicher als ich, alltäglich ihren wohltätigen Umgang. Doch ich muss fürchten, mein Brief langweilt Ew. Kaiserl. Hoheit; allein ich versichere Ihnen, nur weil ich nichts Besseres weiß, womit ich Sie unterhalten könnte, erzähle ich vom Feldlager, das von Eisen und Soldaten starrt, wo sich jedermann täglich nur mit der Sorge für Essen und Trinken beschäftigt, wo man sich auf des Leibes Notdurft beschränkt, und wo sich sonst leider nichts Wichtiges zuträgt.

An d'Alembert

Potsdam, 1. August 1780

Ihr Brief klingt so traurig, dass es mir wehgetan hat. Es scheint, Sie haben ebenso über Ihr körperliches Befinden wie über Ihr Schicksal zu klagen. Wir sind Greise und stehen am

Ziel unserer Lebensbahn; man muss versuchen, sie heiter zu enden. Wären wir unsterblich, so dürften wir uns wohl über unsere Leiden betrüben; aber unser Leben ist zu kurz, als dass wir uns an Dinge klammern sollten, die unseren Augen bald für ewig entrückt sein werden. Sie sagen, lieber Anaxagoras, Sie hätten die Tatkraft verloren, die Sie im Jahre 1763 besaßen. Ich auch – das ist das Los der Greise. Mein Namensgedächtnis schwindet, meine geistige Frische lässt nach; meine Beine sind schwach; ich sehe schlecht, – kurz, ich habe Beschwerden wie jeder andere. Aber diese ganze Prozession von Krankheiten und Gebrechen raubt mir meine Heiterkeit nicht, und ich werde mich mit lachendem Antlitz begraben lassen. Suchen Sie doch alles von sich abzuwälzen, was Ihre Seelenruhe stören kann. Bedenken Sie, dass das Leben nur ein Traum ist, und dass nichts übrig bleibt, wenn es vorbei ist. Voller Betrübnis muss ich auf das Vergnügen, Sie wiederzusehen, verzichten, und unsere Unterhaltung muss schwarz auf weiß fortgeführt werden. Aber das ist immer noch besser als gar nichts. Sie werden also Ihre Gedanken schildern, und ich werde sie mir zunutze machen.

Ich habe es wohl schon gesagt und ich fürchte, ich behalte recht: Das Grab Voltaires wird das der schönen Künste sein. Er war der Schlussstein des schönen Zeitalters Ludwigs XIV. Wir kommen in die Periode des Plinius, Seneca und Quintilian. In Zeiten der Unfruchtbarkeit scheidet man leichter aus der Welt als in Zeiten des Überflusses; denn dann hängen wir nicht mehr an dem, was wir verlassen müssen. Folgen Sie darum meinem Rat, lieber Anaxagoras. Kränzen Sie Ihr Haupt mit Rosen, suchen Sie Zerstreuung und fügen Sie sich in Ihr Schicksal. Möchten Sie glücklich sein und bei guter Gesundheit bleiben.

An die Prinzessin Wilhelmine von Oranien
Potsdam, 14. April 1783

Das Alter, liebes Kind, bringt Krankheiten und Gebrechen mit sich; jeder muss sein ihm zugemessenes Teil tragen. Wir sind Menschen und müssen uns daher ohne Murren dem Los der Menschheit unterwerfen. Dein alter Onkel ist in allem mit seinem Schicksal einig, nur wünschte er Dir gern ein glücklicheres Geschick.

Der Prinz handelt klug, bietet er zu allem die Hand, was zu einer Verständigung führen kann. Er muss Zeit gewinnen, und wenn er nur noch so lange die Segel einzieht, bis der Sturm ausgetobt hat, wird er gewonnenes Spiel haben. Die Italiener sagen: »*Chi ha tetnpo, ha vita*«, und sie haben recht.

Doch ich fürchte, liebe Nichte, dass meine Briefe Dir sehr langweilig vorkommen; sie gleichen in Stil und Tonart denen, wie sie ein alter vergrämter und verschlossener Schulmeister schreibt. Ich schäme mich darob und möchte Dich lieber mit kurzweiligen Späßen unterhalten, aber solcher Stoff fehlt mir. Ich lebe mit alten Leuten. Da fragt man sich: »Was macht Ihr Reißen?« Ein anderer erkundigt sich: »Haben Sie noch die Gicht?« Und ein Dritter sagt: »Haben Sie Ihre Kolik schon überstanden?« Da lässt sich nicht viel schreiben; der Stoff ist gar zu armselig.

An den Minister Graf Finckenstein
Potsdam, 21. Februar 1784

Das Beste, was wir in der gegenwärtigen Lage tun können, ist, uns nicht zu rühren und ruhig abzuwarten, bis sich in Europa dies oder jenes ereignet, woraus wir sofort Nutzen ziehen müssen.

Auf Russland, das gestehe ich, rechne ich für die nächsten Zeiten nicht; denn die Zarin, ihr Bakunin, ihr Besborodko und ihr Woronzow sind österreichisch bis in die Fingerspitzen. Wollen wir uns also nicht in eitle Selbstgefälligkeit wiegen und uns selbst etwas vormachen, so dürfen wir nicht darauf rechnen, die russische Macht wiederzugewinnen, falls nicht der Großfürst den Thron besteigt. Aus dem Briefe des Grafen Hofenfels ersehen Sie, wie sklavisch Frankreich der Königin folgt und wie sehr es sich folglich von Österreich beherrschen lässt. Also selbst wenn die Franzosen Vereinbarungen mit uns treffen wollten, wäre man seiner Sache nie sicher; denn die Königin könnte bei ihrem Einfluss stets alle Maßregeln durchkreuzen.

Bliebe also England. Nun hat die englische Regierung unter den jetzigen Verhältnissen erstens noch gar keine feste Gestalt gewonnen, und zweitens, wüsste man auch, wer ans Ruder kommt und dass die Staatsmaschine wieder arbeitet, so kennt man doch auch ihre gegenwärtige Erschöpfung und Schwäche: England wird sich also fürs Erste nicht auf große Dinge einlassen.

Von Schweden und Dänemark rede ich erst gar nicht; beide sind kraftlos.

Bleiben also lediglich die Reichsfürsten. Unter ihnen kämen für ein Bündnis in Betracht: Hannover, Hessen, Braunschweig, vielleicht auch Bamberg, Würzburg, Fulda, Paderborn, Hildesheim und ganz Norddeutschland. Vielleicht könnte man auch den Kurfürsten von der Pfalz hinzunehmen, vorausgesetzt, dass der jetzige stirbt und der Herzog von Zweibrücken Kurfürst wird. Man müsste einen Bund aller dieser Fürsten zustande bringen, lediglich zum Zweck, der Aufrechterhaltung des Reichssystems, wie es jetzt besteht. Käme es zum Kriege, so müsste man nach meiner Meinung sie sämtlich ins Spiel ziehen und ihnen Subsidien bezahlen, was nicht unmöglich wäre.

Das ist alles, was sich bisher ausdenken lässt. Auch müsste man dem Ganzen einen Anstrich geben. Soweit sich die Zukunft beurteilen lässt, wird auch Russland sich einmischen, wenn der Kaiser uns zu Leibe will. Frankreich wird nicht mitmachen wollen. Wir können uns also mithilfe all dieser Reichsfürsten noch aus der Klemme ziehen und den Völkermassen die Stirn bieten, die die beiden Kaiserhöfe gegen uns ins Feld zu stellen vermöchten; aber ein anderes Mittel will mir nicht einfallen.

An die Minister Graf Finckenstein und von Hertzberg

Potsdam, 1. November 1784

Ich habe Ihre gestrigen Vorstellungen erhalten. Wollen Sie, Herr von Hertzberg, mir die Freude machen, ein paar Tage hier zu verweilen, so kann ich Ihnen all meine Gedanken über den fraglichen Gegenstand eingehend auseinandersetzen.

Das Erste, womit man anfangen müsste, ist eine mündliche Aussprache mit den Reichsfürsten, um ihnen ihre jetzige Lage klar zu machen und ihnen zu zeigen, wohin die Dinge treiben können. Erinnern Sie sich, welch schreckliche Schwierigkeiten beim Zustandekommen des Schmalkaldener Bundes entstanden, um die untereinander uneinigen Fürsten unter einen Hut zu bringen. Ein Herzog von Braunschweig war in den kleinen Raufereien jener Zeit gefangen genommen worden. Der Kurfürst von Brandenburg lehnte jedes Bündnis ab, bevor jener nicht in Freiheit gesetzt war. Der Kurfürst von Sachsen wollte von keinem Bündnis mit dem König von England wissen, noch mit Frankreich, noch selbst mit den Schweizern, weil es sein Gewissen bedrückte, sich mit Heinrich VIII. zu verbünden, dessen Religion sich mit der lutherischen nicht völlig deckte, noch gar mit Franz I., der die Protestanten im eigenen Lande verfolgte, noch mit den Schweizern, die Calvinisten waren. Der Landgraf von Hessen stellte zwar alle diese Punkte in Abrede, konnte aber den Kurfürsten von Sachsen nie überzeugen. Der trat dem Bunde erst bei, nachdem Karl V. auf dem Reichstag zu Regensburg einen höchst anmaßlichen Ton angeschlagen hatte. Erst dessen Erklärung brachte die Fürsten zusammen, ließ ihnen den Kamm schwellen und bewog sie Truppen auszuheben.

In dieser Sache gilt es nicht, Staaten zu einigen, sondern sie aufzurütteln, damit sie ihre Verfassungen aufrechterhalten und nicht auf ihren eigenen Interessen einschlafen. Ebenso wenig handelt es sich darum, einen Krieg zu beginnen, wofern nicht Länderraub oder Rechtsbrüche vonseiten des Kaisers die Reichsfürsten zwingen, ihm mit vereinigten Kräften entgegenzutreten. Um aber das Ziel zu erreichen, dünkt mich das Rechte, sich über den Plan eines Fürstenbundes erst mündlich auszusprechen, damit man hört, was jeder darauf zu antworten hat, und vernimmt, wie schwer oder leicht er sich die Sache denkt. Sämtliche katholische Bischöfe müssen im eigensten Interesse dem Projekt notgedrungen beitreten. Stirbt der Kurfürst von der Pfalz, so haben wir auch Bayern und Sachsen für uns, vielleicht auch Hannover, ferner Trier, Bamberg, Würzburg und Fulda. Und entzweit sich Frankreich mit dem Hause Österreich, so treten zu alledem noch der Herzog von Württemberg und die Reichsstädte in Schwaben. Bleibt aber das Bündnis zwischen Frankreich und dem Wiener Hofe in Kraft, so kommen Württemberg, Baden, die Pfalz, der Kurfürst von Trier u. a. m. in Wegfall. Tun wir indes gar nichts und legen die Hände in den Schoß, so ist es so sicher wie zweimal zwei gleich vier, dass kein Mensch an ein solches Bündnis denkt und dem Kaiser freie Hand bleibt, zu tun, was ihm beliebt. Lassen wir aber durch unsere verschiedenen Gesandten den Boden sondieren, so wird man hören, was die Leute zu sagen haben. Unternimmt dann der Kaiser irgendetwas gegen sie, so wird ganz gewiss einmütig Protest erhoben werden.

Ich erwarte Ihre Ankunft hierselbst, Herr von Hertzberg, um ausführlicher mit Ihnen zu reden.

An Prinz Heinrich

Potsdam, 20. Januar 1786

Dein Geburtstag musste jedenfalls von einem Bruder, der Dich liebt, festlich begangen werden. Wir haben ihn gefeiert, in Duodezformat, so wie es bei den paar Menschen, die hier sind, möglich war. Aber das war für mein Herz kein Hindernis, aufrichtigsten Anteil daran zu nehmen. Du erkundigst Dich, lieber Bruder, nach mir? Ich habe mich der vorgeschriebenen ärztlichen Mittel bedient. Einen Tag lang fühlte ich mich erleichtert; seitdem nimmt die Verschleimung wieder zu, und infolge eines ständigen quälenden Hustens kann ich keine Nacht ein Auge schließen. Ich werde merklich schwächer, und solange der Ausfluss, der sich in Luftröhre und Lunge ergießt, nicht geringer wird, glaube ich nicht an Genesung.

Ich habe den Herzog von Weimar hier gesehen; ich fand ihn ausgezeichnet, fand auch nicht, dass »Götz von Berlichingen« die geringste Spur bei ihm hinterlassen hat.

An die Herzogin Charlotte von Braunschweig

Sanssouci, 10. August 1786

Der Arzt aus Hannover hat sich bei Dir herausstreichen wollen, meine gute Schwester, aber die Wahrheit ist, dass er mir nichts genützt hat. Das Alter muss der Jugend weichen, damit jede Generation ihren Platz findet. Und wohl erwogen, was ist das Leben? Es besteht darin, dass man seine Mitbürger sterben und zur Welt kommen sieht. Inzwischen fühle ich mich seit einigen Tagen etwas erleichtert. Mein Herz bleibt Dir unveränderlich zugetan, meine gute Schwester.